相逢爱的光亮 小学生生命教育读本

永远盖着布的鸟笼

米家文化 编绘

浙江少年儿童出版社

　　一个人从呱呱坠地那天起，便开始了一场奇妙的生命之旅，这其中有平坦，有挫折，有快乐，有悲伤……但不管你正冲上云霄体验一览众山小的壮阔，还是正落入谷底承受被高山绝壁压迫的悲凉，请都不要忘记生命本来的光彩。

　　用心捕捉生命的美好，让爱的点点星光为你点灯，照亮人生前行之路吧！它可能是一种豁然，让你愿意原谅陷害过自己的小偷；可能是一种善意，让你渴望为非洲的孩子挖一口井；可能是一种责任感，令你不经意间获得更多的勇气与肯定；它也可能只是一记关爱的眼神、一个宽容的念头，在你最无助的时候将你温暖相拥……生命教育便是这样一种以人为本的教育理念，让你在学习和感悟中，获得成长，珍藏美好，培养健全的人格，发掘生命的价值。

　　这本小书将带你一同感受那些充满力量的文字与故事；

与你一同邂逅那些喷薄而出的爱的暖流，那些永不熄灭的生命之光。

请你拿起手中的笔，记录下这一个个触动人心的时刻，记录下你的"所见、所想、所感和所悟"，参照自己的成长经历，走进爱和美的世界，体悟生活的点滴，探寻生命的意义。总有一天，当你再次翻开这本书时，会惊喜地发现那些曾经的感悟已然浸润你的生活。

目录
Contents

大象的乡愁

一家马戏团有位明星演员，它是一头来自印度的大象，名叫伏兰特，既温和又敬业，跟随马戏团辗转各地，深受观众的喜爱。

但多年之后的一天，伏兰特却突然"发疯"了，经常无缘无故地咆哮不已，给观众们带来了不小的威胁，马戏团也因此麻烦不断。

当地警官要求马戏团老板处死伏兰特，老板无奈只好答应了。

但就在临刑前，一位头戴礼帽的小个子先生匆匆赶来，他要求老板给他两分钟的时间，并自愿立下生死状，进入铁笼为大象治病。

治病过程出奇地顺利，这位先生果真只用了两分钟就治愈了这头"疯"象，所有观众起立鼓掌，高声欢呼！

小个子先生没有理会观众的掌声，而是认真地对老板说："其实，这头大象没有发疯，它只是深深地思念着它的故乡，它想回家去。它从小在印度长大，所以我用印度语同它谈了一会儿心……"

原来，这位小个子"医生"并非一般人，而是英国一位有名的作家和诗人——1907年诺贝尔文学奖得主吉普林先生。

吉普林从小热爱动物，曾同印度象长期生活在一起，了解它们的习性，还会用印度语同大象"交谈"。看来，所谓的"心灵相通""心心相印"大概就是这个境界吧！

动物和人类一样，也有情感，作为动物的朋友，人类应该试着平等地去理解它们。试想，若不是吉普林喜欢印度象并与之共同生活多年，又怎能为大象治好"病"呢？

不请自来的客人

在一个小村庄里住着一位老奶奶，她住在一间小房子里。一天晚上，下起了大雨，老奶奶正准备睡觉，忽然听到"砰砰砰"的敲门声。

"这么晚是谁在敲门呀？"老奶奶问道。

"是我，麻雀小姐。我淋湿了，请开开门吧。"

老奶奶赶紧打开门，把麻雀请进屋，又在她湿漉漉的翅膀上披上一条围巾，麻雀感到很温暖。

这时，外面又响起了敲门声，原来是矮脚鸡，老奶奶也把他请进屋。接着又来了乌鸦先生，老奶奶的小屋里一下子热闹起来。

不一会儿，又来了一只猫，大家吓得缩成一团。

猫笑着说:"别害怕,我不会伤害你们的。"

接着又来了狗和公牛,老奶奶的小屋子快挤满啦。老奶奶好不容易才把大家都安顿好,她慈爱地看着动物们说:"现在你们可以舒舒服服地睡一觉,等明天雨停了再回家。"

于是麻雀、鸡和乌鸦跳到窗台上,猫、狗和公牛躺在地板上,这一晚,大家睡得可香了。

第二天早上,老奶奶醒来之后,看见大家正忙着呢。乌鸦点着了茶炉,猫在沏茶,狗在打扫院子,公牛正来回推着一个石滚子,压平被风吹翻的屋顶,矮脚鸡正在帮忙整理床铺。

老奶奶出门买面包犒劳大家。吃完早饭,公牛无奈地说:"雨停了,现在我得走了。"其实所有动物都不想走。

"说心里话,我真想让你们都留下,可是我的房子太小了,顶多能让麻雀小姐留下。"老奶奶无奈地说。

公牛甩着尾巴说:"我能为您磨麦子,您真想让我走吗?"老奶奶知道她伤了公牛的心,就说:"屋子虽然小,但你留下吧。"

麻雀清了清嗓子说:"我能为您除虫子,您真想让我走吗?"老奶奶想了想说:"你这小身板占不了多大地方,你留下吧。"

猫把尾巴盘在身上说:"我能为您捉老鼠,您真想让我走吗?"老奶奶笑着说:"那你也留下来吧。"

乌鸦说:"我能呱呱叫,可以在每天清晨帮您叫醒大家。您真想让我走吗?"

矮脚鸡按捺不住地说道:"我能为您生大鸡蛋,您真想让我走吗?"

狗也急着跑到老奶奶跟前,对她说:"我也很有用,我能帮您看家护院,还能赶跑偷东西的贼,您真想让我走吗?"

"那你们都留下吧!"老奶奶用慈祥的目光看着每一位客人,"既然你们都想和我住在一起,那么大家就要齐心协力，一起付出努力，建造一座能容纳下所有人的大房子，这样，我们就都能过上舒适的日子了。"

大家高兴得立刻行动起来，大房子很快就建好啦！从那以后，他们一直幸福地生活在一起。

老奶奶很善良，小伙伴们也很懂事。相信他们共同付出努力后，一定能把家园建设得更加舒适，更加美好。

米老鼠的诞生

米老鼠的"父亲",蜚声世界的美国人沃尔特·迪士尼在成名之前,曾是一个贫困潦倒、无人赏识的年轻画家。他在堪萨斯城几次求职不成,失望与颓废始终像鬼影一样跟随着他。

后来,他终于得到了一份工作——替教堂作画。虽然报酬极低,但他仍像抓住了一根救命稻草似的,全力以赴,不敢有丝毫懈怠。

因为无力租用画室,他借了一间废弃的车库作为临时工作室。微薄的报酬常常使他入不敷出,他如同一头困兽,在昏暗发霉的空间里渴望命运的转机。

每当他熄了灯，便会不自觉地陷入空虚与无望中。四周静得可怕，又似乎吵闹不休，有一段时间，他甚至听到了死神的脚步声。他夜夜失眠，手中的画笔也没了灵感，没了生气，颓然地撂了下来。

　　更令他心烦的是，每次熄灯后，一只老鼠总是吱吱地叫个不停。他想起身开灯赶走那只讨厌的小东西，但倦怠的身心让他干什么都没劲，所以他只好听之任之。可是慢慢地，他竟然把老鼠的叫声当成了一种

美妙的音乐来享受，因为在孤寂的午夜，只有这样一个"精灵"与自己默默相伴。

他把自己那份悲悯情怀投射到了那只小老鼠身上。不只在夜里，白天这小东西也会偶然从他的脚下走过。他从不吓它，小老鼠也渐渐得意忘形起来，不是大摇大摆地在房间里溜达，就是在不远处做着各种动作，而他则一本正经地欣赏着这出色的"杂技"表演，工作室也因此有了生气。

小老鼠成了他的朋友，他则成了它的观众。小老

鼠心安理得地分享着他的面包，甚至大胆地爬上他的画板，在上面有节奏地跳跃，他则默默地享受着这份难以言喻的惺惺相惜之情。

后来，迪士尼等来了一个机会，可以暂时离开堪萨斯城，到好莱坞制作一部以动物为主的卡通片。可是理想的大门只是"吱"的响了一声，又关上了，他设计的作品被一一否决，再度陷入了举步维艰的境地。他开始怀疑起自己到底有没有画画的天赋……

又是一个不眠之夜，在漫漫无边的黑暗中，他忽然听到"吱吱"一声，是那个小东西！迪士尼的灵感之门在不经意间突然被打开了，他立即打开灯，翻身下床，支起画架，笔下出现了一只小老鼠的轮廓。有史以来最伟大的卡通动物形象之一——米老鼠就这样诞生了。

"米老鼠"的诞生不是偶然的，它源于作者与小老鼠之间相伴相惜的友情。没有深入骨髓的浸润，怎会有笔下灵动传神的形象？

被羊欺骗的狮子

从前，有一只老山羊和羊群走散了。天很快黑了下来，老山羊只能选择在森林里过夜。

老山羊在一座小山脚下看见了一个洞，就走了进去，准备在洞里过夜。忽然，它和住在洞里的一头狮子打了个照面。

狮子简直不敢相信自己的眼睛，因为从来没有任何动物敢闯进它的洞穴。它盯着山羊看了一会儿，才问道："你是谁？为什么到这里来？"

山羊想了想说："我是山羊国的国王。我曾经发誓，要吃掉五十头豹子、二十头大象和十头狮子。到现在，我已经吃了五十头豹子和二十头大象，正在寻找十头狮子来实现我的诺言。"

狮子听后信以为真，害怕得头也不敢回，逃出了洞穴。

在路上，狮子遇见了一只豺狼。

豺狼问狮子出了什么事，狮子颤抖着回答说："刚才有一只瞧着像山羊的动物到我的洞里来了。那家伙真可怕，它竟然吃掉了很多豹子和大象，还说要吃掉十头狮子。为了保命我赶紧逃了出来。"

豺狼听罢，甩着尾巴思索片刻，说："我知道是怎么回事了，不如我们一起回洞里享受一顿难得的美味吧。"狮子见豺狼胸有成竹的样子，便跟在它的

身后向山洞走去。

山羊看见狮子和豺狼一起走进山洞，并没有惊慌失措，反而冷笑着对豺狼说："我让你带来十头狮子，你怎么只带来了一头！我要惩罚你这个不服从命令的家伙！"

狮子以为豺狼欺骗了它，一把抓住豺狼，把它撕成了碎片，然后头也不回地跑掉了。

山羊安安稳稳地睡了一觉，而那头胆小愚蠢的狮子，不得不整个晚上在森林里游荡。

山羊与狮子博弈，这是一件听起来多么不可思议的事情啊。而这只山羊却做到了，除了它的智慧之外，最重要的是它从来没有放弃过生的希望。

给鸟儿自由

一天，一位穿着西装、提着公文包的先生和其他上班族一样，正急匆匆地穿行在一座大城市的街道上，赶着去上班。突然，在街道的一角，他看到一个小男孩在出售笼子里的小鸟。

那位先生停下脚步，有些伤感地看着这些失去自由的小鸟。

小鸟在笼子里叽叽喳喳地叫着，使劲拍打着它们稚嫩的翅膀，试图重回蓝天。但在坚固的笼子面前，显然它们的一切努力都是白费。

那位先生站在原地，看了一会儿后，对男孩说："你的鸟儿卖多少钱？"

"五十美分，先生。"男孩说着提起笼子，推销起这些鸟儿，"您看，这只鸟很漂亮，它的尾巴是翠绿色的。"

"我的意思不是一只鸟多少钱，"那位先生说，"而是将它们全部买下一共需要要多少钱？我想把这些鸟儿全部买下来。"

突如其来的大生意让男孩开心极了，他开始认真地数起笼子里的鸟，最后，他告诉那位先生买下所有的鸟儿一共需要五美元。

"给你钱。"那位先生毫不犹豫地掏出钱包，把钱递了过去。

男孩数着钱，对早晨的好运气感到非常满意。但当他找完零钱，把鸟笼递给那位先生时，不可思议的一幕发生了：那位先生竟

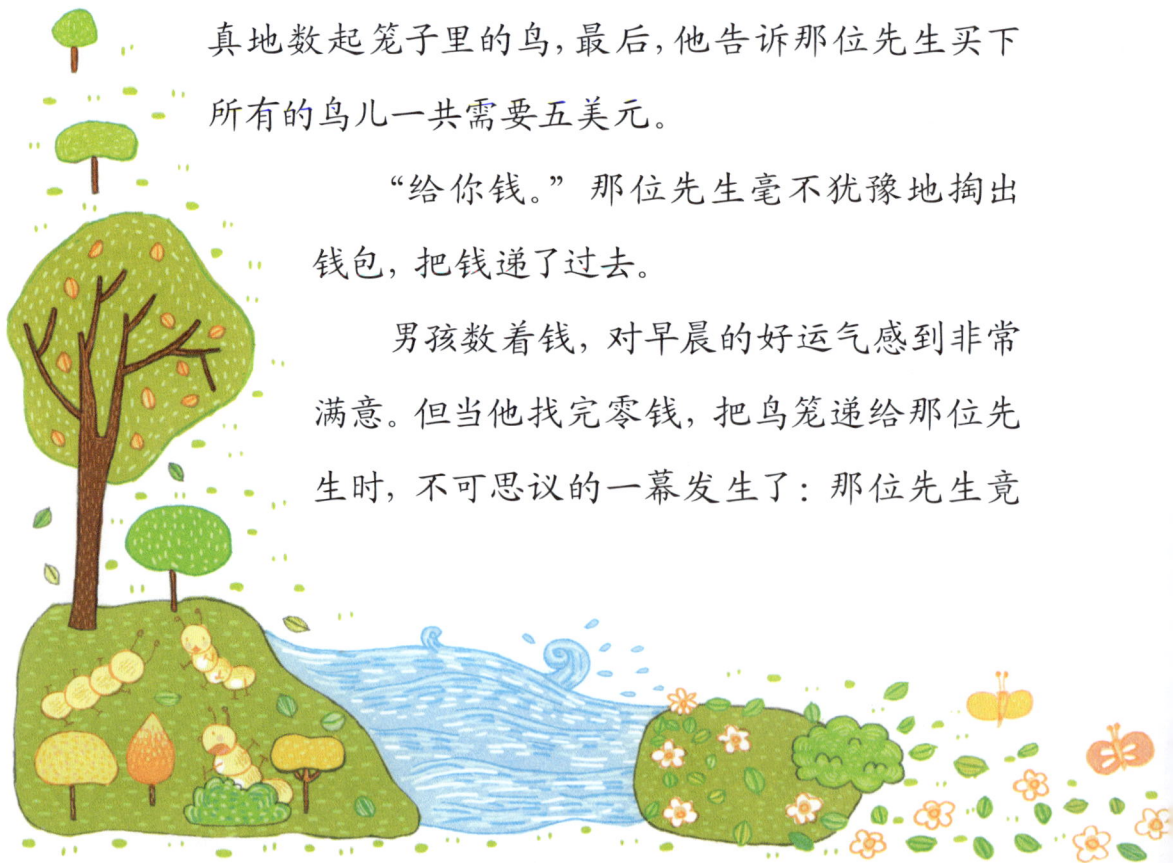

然打开鸟笼的门，把所有的鸟儿都放走了。

看着鸟儿扑扇着翅膀向远方飞去，男孩吃惊地叫道："您为什么要这样做，先生？这样一来，您一只鸟儿也得不到了。"

"那就让我告诉你，我为什么要这样做吧。"那位先生用低沉的声音说道，"我曾经作为战俘在法国的监狱里被关押了三年，那种失去自由的滋味我已经尝过了，所以我不忍心看到任何生命和我体会同样的痛苦。"

之于鸟，在天空自由地飞翔是最大的幸福；
之于人，能呼吸自由的空气也是最大的幸福。

再小的梦想也不卑微

由于父亲早逝，尼克和母亲、哥哥相依为命。哥哥很懂事，每天都帮母亲做家务、干农活，而尼克什么也不操心，只知道东奔西跑。

有一天，尼克又要跑出去玩，哥哥将他堵在了门口，希望他别整天疯玩，而是留在家里做点什么。尼克告诉哥哥他并不是无所事事，他要用玻璃瓶子建造一座城堡。

哥哥听后大吃一惊，问尼克："你知道建造一座城堡需要多少瓶子吗？"尼克说知道，他准备捡两万个瓶子。

哥哥告诉尼克，那可不是个小数字。尼克听了说:"这难不倒我,我每天捡,不管是两年、三年还是五年,反正总有一天我能捡到这么多瓶子。"

哥哥生气地说:"你去捡吧!"他觉得尼克是个傻瓜,正在干一件愚蠢的事情,他不相信尼克能坚持很久,就算真的捡到了两万个瓶子,他也不可能用它们建造一座城堡。

尼克对捡瓶子这件事很努力很专注,不管是上学放学的路上,还是逛街的时候,他从不忘记找瓶子,大大小小、五颜六色的瓶子都被他捡了回来。尽管每天只能捡到几十个瓶子,尼克还是把它们都完好地保存在屋后。

没多久,大家都知道了尼克的"理想",嘲笑之余,纷纷劝他放弃。没有人相信他能捡到两万个瓶子,更没有人相信他能建造一座城堡。对此,尼克不以为然。

后来,有人将尼克捡瓶子的事告诉了他的母亲,母亲很生气,好好教训了他一顿:"你想用玻璃瓶建造一座城堡？我告诉你，别异想天开了！你不能像哥哥那样帮我做点什么就算了，但不要给家里制造麻烦啊！"

母亲的话尼克没有放在心上，他继续埋头捡他的瓶子，他的心里只有那座城堡。既然所有的人包括母亲都不相信他能建成，那么，他就更不能放弃，一定要让大家看看，他们认为的不可能其实是可以实现的。

两年半之后，尼克终于攒足了两万个瓶子。面对小山一样的瓶子，尼克露出了兴奋的笑容，他告诉哥哥他下一步就要开始建造城堡。

哥哥听了一笑了之，瓶子这么光滑，一放上去就会掉下来，用它们建造一座城堡，简直就是天方夜谭。

正如哥哥所想的那样，开始的时候尼克怎么也没法把瓶子堆上去，一把瓶子放在一起，它们就会立即滑下来摔个粉碎。虽然瓶子不断地摔碎，城堡

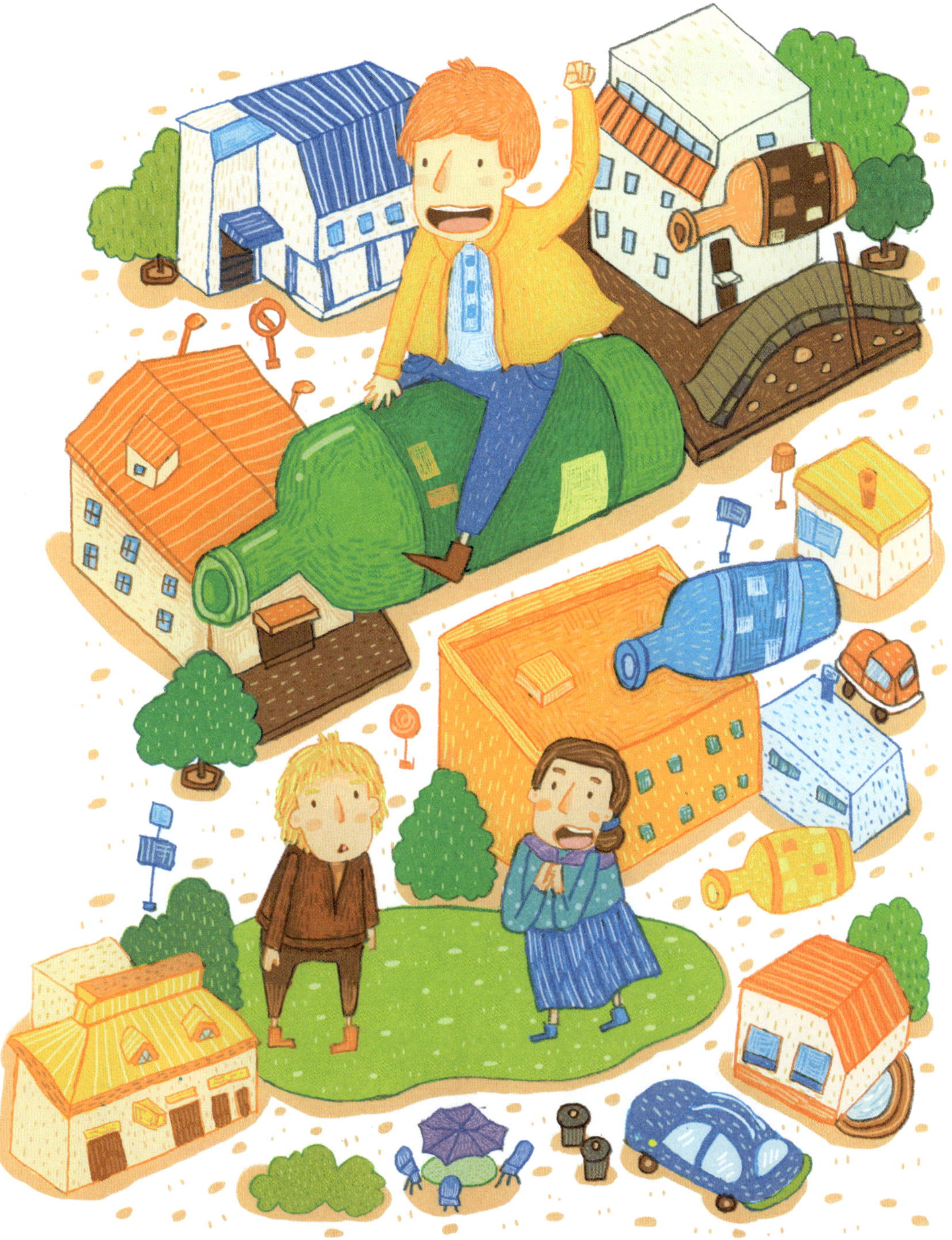

不断地垮塌，可是尼克的信心不曾摔碎，梦想没有垮塌。

经过半年的努力，尼克想尽各种办法，最后真的用两万个瓶子建造出了一座坚固的城堡。

玻璃城堡不怕风吹，不怕雨打，无论在阳光下还是月光下都闪闪发亮、熠熠生辉，这幢奇特美丽的建筑吸引了许多人前来参观。

这样一来，不但尼克的玻璃城堡广为人知，尼克也一举成名。尼克的母亲在家门口摆摊卖起了各种小吃，生意十分火爆，尼克一家的生活状况也随之得到改善。

十几年后，尼克成了一位著名的设计师。他设计的作品，每一件都令人为之惊叹。这或许也是得益于他小时候对"梦想城堡"的坚持吧！

我们幼时的梦想就好比尼克的玻璃城堡，闪闪发亮但遥不可及。只有无比坚定的决心和毅力才能将这座城堡搭建完毕并真切地展现在世人面前。

只是比对手更专注

比尔是个演讲家和作家，他在闲暇的时间还喜欢观察鸟类。几年前，比尔买了一幢新房子，四周草木葱茏、景色宜人。入住后的第一个周末，他就在后院里装了个喂鸟器。当天太阳快下山的时候，一群松鼠弄翻了

喂鸟器，把里面的食物掠夺一空，小鸟们吓得四散而去。

在接下来的两周里，比尔绞尽脑汁想出各种办法让松鼠远离喂鸟器，就差没有使用拳头了，但对于那些顽劣的家伙来说，这些"恐吓"丝毫不起作用。

万般无奈之下，比尔来到当地一家五金店，在那儿，一种带铁丝网的喂鸟器吸引了他的眼球。这东西还有个让人心动的名字，叫"防松鼠喂鸟器"，这正是他所需要的！

比尔兴冲冲地买下了它并安装在后院里，但天黑以前，松鼠又大摇大摆地光顾了"防松鼠喂鸟器"，照样把鸟儿吓得一哄而散。

气愤的比尔拆下喂鸟器，来到五金店，大声要求退货。五金店的经理回答说："别发这么大火，我会给你退货的！不过你要明白：这个世界上可没有什么真正的防松鼠喂鸟器。"

比尔不信，反问道："我们可以在几秒钟内把信息传到地球的任何角落,甚至可以把人类送到太空,难道我们不能设计和制造出一个真正有效的喂鸟器,把那种削尖了脑袋抢东西吃的啮齿类小动物阻挡在外吗?"

"是啊,"经理说,"先生,请冷静一下,回答我的

两个问题。首先，你平均每天花多少时间，让松鼠远离你的喂鸟器？"

比尔想了一下，回答说："我不清楚，大概每天十到十五分钟吧。"

"和我估计的差不多，"经理说，"那么，现在请回答我的第二个问题：你猜那些松鼠每天花多少时间来拼命闯入你的喂鸟器呢？"

比尔迟疑了好一会儿，才说："在它们醒着的每时每刻。"

小松鼠能一次次地得到它们想要的东西，甚至攻破"防松鼠喂鸟器"，只是因为它们奔着目标心无旁骛，投入所有的时间，发挥全部的才干。如果你比对手更专注，才有可能将他们抛在身后！

一欧元游世界

岩崎奎一出生在日本中部的一个城市，父亲经营着一家规模不小的空调公司。尽管父亲让岩崎大学毕业后在自家公司工作，以便将来把公司交给他打理，可岩崎却有着自己的梦想，那就是环游世界。

随着年龄的增长，岩崎心中追求梦想的愿望日渐强烈，他无数次向父亲提起环游世界的宏伟计划，都遭到严词拒绝。但他仍不灰心，经过八年的"斗争"之后，父亲无可奈何地对他说："看来你是铁了心要那样做了，好吧，你去实现你的理想吧。但前提是，我不会给你提供一分钱的资助。"

岩崎对父亲说："您放心，我早就计划好了，只带一百六十日元(约合一欧元)和一辆自行车,先环游日本全境,再环游世界。"

就这样,二十八岁的岩崎怀揣一欧元,骑着心爱的自行车,从家乡出发,开始了为期一年的环日旅行。之所以选择自行车,是因为他觉得可以在旅途中随心所欲地停车,更真切地体验当地的特色。

起先,岩崎还感到浪漫惬意,渐渐地,这种感觉消失了。但每当他想打退堂鼓的时候,他就在心里给自己打气,接着重整旗鼓再次上路。

不到一年时间,岩崎靠着四处打工,顺带做些街头表演工作,完成了环日旅行。经过短暂休整后,他买了一张单程船票抵达韩国,依旧只带了一百六十日元和那辆自行车,开始环游世界。

岩崎在路上遇过很多危险,在他骑车前往印度德里的途中,曾遭遇三个蒙面人持刀抢劫。当匪徒从他身上只搜出一百二十日元时,懊恼地把钱扔给了他,让他快滚。当他行至新德里时,警察见他蓬头垢面，怀疑是非法入境者，不由分说就将他丢进了监狱，足足审查了半个月才把他放走。当进入中国西藏地区时，他被一条疯藏獒咬伤，幸亏附近居民赶来相救，才把他从死亡线上拉了回来。

不过，旅途之中也有许多令人难忘的美好回忆，对于岩崎来说，在不借助任何交通工具的情况下，成功登上世界最高峰——珠穆朗玛峰，便是人生中最为浓墨重彩的一笔。

迄今为止，岩崎的行程已累计四万五千公里，先后经过三十七个国家。每每谈到这些难忘的经历时，岩崎总会这样感慨："旅途中有惊喜有苦难，但这一切都开阔了我的视野，让我品尝了人生的酸甜苦辣，也为我日后适应各种复杂环境、赢得生活的成功创造了条件。"

一欧元游世界，听起来不可思议，可岩崎却在乐此不疲地追着这个梦。人生短暂，一旦抓住时机，就要努力实现梦想，或许有一天就能成功！

青春无价

一个青年在生活中遇到了一些不如意的事,他坐在田埂边,想着自己不顺心的生活:没有房子,没有妻子,没有孩子,没有工作,没有收入,没有积蓄,甚至不能保证自己的一日三餐……他一边想,一边叹气。忽然一个声音打断了他的思绪:"年轻人,你好好的叹什么气啊?"

青年一抬头,原来是一个老者。他又低下头,有气无力地说:"我是一个彻彻底底的失败者,像我这样一无所有的人,怎么能不叹气呢?"

老人笑了起来,说道:"你何必如此的灰心丧气呢?其实你是一个富翁,你起码有一百万的财富,我这样还是往少里说的呢！"

"一百万？老人家，我已经够惨了，您就别拿我寻开心了。"青年觉得老人是个"无厘头"，心里很不高兴，站起来就想走，不再搭理老人。

老人拉住了他，说："别那么快下结论，敢不敢回答我几个问题？"

青年想：我一无所有，有什么不敢的。于是停下脚步，说："你想问什么？"

"你有健康吗？"老人问。青年觉得莫名其妙，一边点头，一边说："健康当然是有的，感觉浑身都是使不完的力气。""那么，假如，我用二十万元买走你的健康，你愿意吗？"

"当然不愿意。"青年一口回绝。

"好了，你现在已经有二十万了。那么我再问你，我出二十万元，买走你的青春，让你从此变成一个小老头儿，比我还老，你愿意吗？"

"不愿意！"青年看了看老人满脸的皱纹和白

发,回答得很干脆。

老人继续说:"我再出二十万,让你去犯罪,从而失去良知,你愿意吗?"

"天哪!我怎么可能愿意去干那样的缺德事!"青年加重了语气。

"假如,我再出二十万元,买走你的智商,让你像个智障一样活一辈子,你愿意吗?"

"傻瓜也不会愿意!""你发现了吗,你现在已经有了八十万,那我再出二十万元,买走你的容颜,让你面容丑陋,你愿意吗?"

见青年下意识地捂住脸,老人哈哈大笑地说:"刚才我已经开价一百万了,你都不卖,你拥有着我想买的一切,你难道不是百万富翁吗?"

青年恍然大悟,谢过老人,大踏步地往前走去。

财富并不都是有形的,青春、健康、智慧等"无形资本"才是自强的无价之宝。好好珍惜每一寸光阴,微笑面对生活吧。

永远盖着布的鸟笼

汤姆在佛罗里达州的一家孤儿院长大，在那儿，他虽然没挨过饿，但因为处于长身体的阶段，总觉得吃不饱。

有一天，因为学校要防火演习，汤姆很早就放学了。在走回孤儿院的路上，他看见一位太太正站在她家前面的那块草地上吃三明治。他停下脚步，站在那里看着她。

"我能帮上什么忙吗？"太太问。

"我只是在看那块三明治。"汤姆回答道。

"你要来一块吗？"

"好啊，太太，我很乐意。"汤姆高兴极了。

这位太太走进屋里，一眨眼工夫又走出来了，手里拿着块三明治。

"拿着。"她边说边把三明治递给汤姆。

汤姆把三明治举到嘴边，咬了一口——这真是太美味了，他感觉自己幸福得好像到了天堂。

"这三明治太好吃了！里面有什么？"汤姆边吃边问道。

"这是肉馅三明治。"太太回答。

"我们孤儿院里很少有肉吃！"汤姆说。

"下次你想吃肉的时候，可以到我这里来。"太太说完就进屋了。

汤姆吃着三明治，慢慢走回孤儿院，在进门前还不忘把嘴巴擦得干干净净。

第二天放学后，汤姆又走到了太太房子的附近，想看看她在不在。恰好太太看见了他，就请他进屋，又吃了一块三明治。

当汤姆坐在她家餐桌前时，他注意到客厅的另一头有个鸟笼。

"那鸟笼里是只大黑鹰吗？"汤姆问。

"不是，那是一只会说话的乌
鸦。"太太告诉汤姆。

"乌鸦不会说话
啊！"汤姆惊讶地皱起
了眉头。

"噢，不，它们会说
话，"太太坚持道，"你只要一直对它们说同一句话，
每天不断地重复，那么它们就会跟着说了。"

汤姆相信了太太的话。

接下去几乎有半年的时间，每天回孤儿院之
前，汤姆都会到这位太太家吃一块肉馅三明治。每
次汤姆敲开她家的门，她总是忙不迭地去给鸟笼盖
上一块布，然后再请汤姆进来。

汤姆在她家的时候，从未听过那只鸟说一个
字。他问那位太太为什么那只鸟从不说话，她告诉

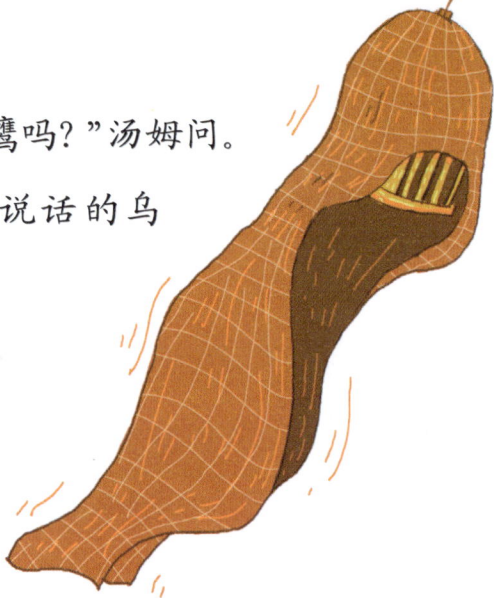

汤姆，她用餐时不想听见乌鸦说话，所以用布盖住鸟笼。

有一天，汤姆又去她家，可是敲门没人答应。门没有关，汤姆一边推开门，一边呼唤太太，可还是没人答应。汤姆走进厨房，看见桌上有一块肉馅三明治，旁边放着一张字条。太太告诉汤姆自己不在家，让他吃了那块三明治，走时关好门。

汤姆吃完三明治后把碟子放到水池里，开始走向前门。当他转过头去确认是否关上了厨房灯

时，看见了客厅里那个盖着布的鸟笼。

他慢慢走向那个鸟笼，朝布下面瞥了一眼。或许是他的脚步声惊动了乌鸦，它在笼子里扑腾了一下，盖在鸟笼上的布滑了下来，那只大乌鸦开始上蹿下跳，它的翅膀扇得鸟食到处都是。

汤姆被吓坏了，他的心脏以每分钟一百二十下的速度跳动着。忽然，那只鸟停了下来，一动不动地盯着他，然后突然低声叹气："唉，又是那个可怜的小孩，又是那个可怜的小孩。"

汤姆吓得抓起那块布，用最快的速度把它扔向那个鸟笼，然后从前门跑了出去。跑到门外后，他躲在门后朝屋子里很仔细地看了一通，但始终没看见乌鸦嘴里的那个可怜的小孩。

因为怜悯，这位太太每天为可怜的孤儿汤姆提供一块肉馅三明治；因为怜悯，她用布盖住了鸟笼，不让学人说话的乌鸦透露她的叹息。表达同情有很多种方式，其中最可贵的应该是在尊重对方的前提下，不动声色地施以援手。

MU DE ZI YANG
目的滋养

读了这些故事，我似乎遇到了一位良师，他用手中的明灯照亮了我前方的路……

我见：

严冬里的温暖

丹佛的冬季总是很漫长，每每到了最冷的那些日子，人们就会待在家里，围着壁炉，喝着咖啡，吃着刚从烤箱拿出来的热松饼，尽量避免外出。

但梅格必须在这个寒冷的冬日去丹佛会议中心向几百人发表演说，可他忘了给无线麦克风装电池。更糟糕的是，他竟然也没有带备用电池。梅格别无选择，只得从温暖的汽车中走下来，缩头缩脑地钻进寒风中，去附近的超市买电池。

梅格在街角看到不远处有家便利店，他加快了脚步，因为刺骨的寒风就快把他吹倒了。便利商店里有两个人。站在柜台后面的人戴着一张工作牌，

她叫贝莉，是便利店的
员工。在如此恶劣的天气下，她
一定不愿意走出家门，而是希望像其他人一
样，为孩子端碗热汤，陪家人说说话。但现在，她得
在便利店一直工作到深夜。

　　另一个来避寒的是位高挑的老先生，他看起
来怡然自得，一点儿也不急着踏出便利店。梅格猜
想这个老人是不是迷路了，不然谁会在这种天气出
门，到便利店来买东西呢？

　　不过梅格并没有闲工夫关心这个老人，他只需
要一节电池，他要立即赶到会议中心，现场有几百

个人正在等着他。

但不知怎的，老人竟比梅格早站在柜台前，贝莉露齿而笑，他却一语不发，贝莉拿起他买的小东西，把价格打入收款机。天啊，这个老人在寒冷的早晨出门，竟然只为了一个小蛋糕和一根香蕉！

如果只是为了一个小蛋糕和一根香蕉，一个正常人会等到天气好的时候再漫步到街道上选购，而这位老人不是，他非得在大风雪中上街，好像生怕没有明天似的。或许他真的没有明天，因为他已经很老了。

贝莉结完账后，老人将干瘦的手伸进雨衣口袋摸索着。站在后面的梅格不禁有些不耐烦：我可没有太多时间，我还有很多重要的事要做！

老人终于掏出一个跟他一样老旧的零钱包，在柜台上丢下几个硬币和一张皱巴巴的一元纸钞。

把这些微不足道的东西放进塑料袋后，意想不到的事发生了。老人将干瘦的手慢慢伸向柜台，贝莉微笑着把塑料袋轻轻地挂在老人腕上。她把老人两只疲惫的手包住，放在脸上焐热。然后伸手去抓老人的围巾，此时围巾几乎快掉下他的肩膀了。贝莉把围巾绕在老人的脖子上，老人仍然一言不发，只是站立不动，似乎要将此时此刻的情景印刻在他的记忆里。

　　贝莉又帮老人扣上一颗扣子，然后看着老人的

眼睛,似乎用半开玩笑的口气责备道:"琼森先生,您要小心出门,慢慢走!明天我们再见吧!"

老人听到这几句话,身子不由得颤抖了一下,他迟疑片刻,然后转身,蹒跚地走出便利店,再次踏入丹佛寒冷的早晨。

梅格这才明白,老人来这里并不只是为了买一个小蛋糕和一根香蕉,而是为了获取心中久违的温暖。

激情澎湃的演讲也许能感染人,但爱却能征服人。爱是一座桥,一座沟通彼此心灵的桥。有了这座桥,我们的生命就会多一份理解,生活就会多一缕阳光。

农场混战

　　莱恩斯家的农场里一片和谐,公鸡打鸣,鸭子游水,母鹅散步,山羊和黄牛欢快地吃草,猫咪懒洋洋地晒着太阳。但是好景不长,午后的一声响雷打破了这片和谐。

　　天边传来的巨响让鸭子吓了一大跳,它急急忙忙地上岸,一不小心踩到了公鸡的脚丫子。

　　公鸡恼怒地说:"天哪,天哪,你眼睛不看路啊,疼疼疼死我了,我要报仇!"说完它一个飞身跃起,扑向那只鸭子,可是就在同时,它美丽的大翅膀打到了旁边的母鹅。

　　母鹅很生气,认为公鸡是故意的,便向公鸡扑

了过去,可是它的脚却不小心踩到了猫咪。

猫咪疼得蹿上了房顶,气愤极了,它喵喵叫着从房顶奔向母鹅。可是就在它奔过去的时候,撞倒的却是山羊。

山羊在地上打了个滚,好不容易爬了起来,咩咩叫着,一头向猫咪撞了过去,显然,它也要报仇。

就在这时,黄牛恰巧路过,被山羊撞了个满怀。黄牛大怒,仰天大吼一声,横冲直撞地追向山羊……

顿时,农场里一片混乱。而这一切都是从一只鸭子意外踩到一只公鸡的脚趾开始的。

农夫莱恩斯听到外面的骚动,马上跑了出来,

看见农场被这些家伙弄

得乱七八糟，生气地把它们统统关到了各自的笼

子里。

　　动物们自由自在的好时光就这样结束了。

　　大文豪雨果曾说过："最高贵的复仇是宽容。"当有人侵犯到自己利益的时候，不介意地宽容一笑，也许就会为心灵打开一扇明亮的窗户，反之，生活中将处处都是"农场混战"。

影子剧院

在一个小城里，生活着一位名叫奥菲利娅的老小姐。父母想让她成为演员，所以给她取了一个和戏剧《哈姆雷特》女主角一样的名字。

不巧的是奥菲利娅的嗓门太小了，不适合演戏，她只好在剧院里谋了一个特殊的职位——在舞台边为忘词的演员提示台词。虽然默默无闻，但她非常幸福。

可自从有了电影院后，剧院的生意越来越差，终于有一天剧院倒闭了。奥菲利娅失业了，她坐在舞台边舍不得离开。突然，幕布上出现了一个影子——可舞台上明明没有人呀。

"你是谁？"奥菲利娅问。

“我是一个没有主人的影子，我叫影子流浪汉。”一个孤寂的声音响了起来。

“那你愿意跟我一起走吗？我也是一个人。”

影子愉快地答应了。之后，奥菲利娅又收留了许多流浪的影子，它们分别叫“怕黑”“孤独”“空虚”……这些影子把她住的小房间都挤满了。影子们经常争吵，吵得奥菲利娅没法休息。于是，她想出了一个好主意——教影子们朗诵剧本和表演。

影子们扮演成巨人、狮子、怪物等各种角色，奥菲利娅在一旁提示台词，大家都很开心。可是，房东觉得奥菲利娅太古怪，把她赶了出去。可怜的老小姐又无家可归了。

影子们悄悄地围在一起，纷纷议论：“都是因为我们，奥菲利娅才会陷入这样糟糕的处境。我们应该帮帮她。”他们你一言我一语，终于有了好点子。

很快，“奥菲利娅的影子剧院”开张了！幕布是床单做的，影子们在床单后面表演，而奥菲利娅依旧负责提示台词。这样的表演孩子们很喜欢，大人们也觉得有意思。

剧院出名了！奥菲利娅便买了一辆二手车，做了一块小招牌架在车上，到处表演。在一个风雪天，汽车抛锚了。一个巨大的影子站在奥菲利娅面前。

"你叫什么名字？如果不介意，你可以和我们一起表演。"奥菲利娅友善地说。

"人们都叫我死神，所有人都怕我……"影子温和地问，"那你现在还愿意收留我吗？"

奥菲利娅小姐沉默了一会儿，爽快答应了。很快，冰冷的黑影笼罩在这位老小姐全身，周围漆黑一片。当她再睁开眼时，已经到了天堂，许多美丽的身影热情地欢迎她——都是她收留过的影子们。从此，天堂里也有了"奥菲利娅的影子剧院"。

　　奥菲利娅小姐似乎很倒霉：她当不了演员，又失了业。可是，她是那么的善良、宽容，毫不吝啬地关怀别人。即使再卑微，灵魂也要闪闪发亮，这才是最美的人生。

"记住"与"忘却"

有一次，阿拉伯著名作家阿里和吉伯、马萨两位朋友一起出门去旅行。

三个爱探险的朋友来到一个不知名的山谷，马萨不小心脚下一滑，眼看着就要掉落山谷，一命呜呼。就在这时候，机灵的吉伯拼命拉住了他的衣服，好不容易将他救起。

为了牢记这一恩德，动情的马萨在悬崖的大石头上用小刀刻下这样一行字："某年某月某日，吉伯救了马萨一命，永记于心。"

惊险很快过去，他们三人开始继续旅行，十几天后来到了一条小河边，疲劳和饥饿让大家都有些烦躁。吉伯和马萨为了要走哪条路发生了分歧，吉伯一气之下打了马萨一耳光。

马萨被打得眼冒金星，然而他没有还手，而是一口气跑到了沙滩上，用树枝在沙滩上写下了一行字："某年某月某日，吉伯打了马萨一记耳光。"

很快，旅行结束了，他们顺利回到了家乡，阿里怀着好奇心问马萨："你为什么把吉伯救你的事刻在石头上，而把他打你耳光的事写在沙滩上呢？"

马萨笑了笑，平静地回答："我将永远感激吉伯曾经救我一命之事，至于他打我的那个耳光，我想就让它随着沙子的流动被冲刷得一干二净吧。"

忘记那些无心的伤害，铭记那些真心对你的朋友。长此以往，你一定会收获幸福的！

感恩节的约定

感恩节这一天，斯塔弗·皮特坐在喷泉对面人行道右边的第三张长椅上，九年来，每到这个节日，他就会准时来到那儿，等待一位好心的绅士提供的晚餐。而今天，他出现在这个固定的约会地点，却不是因为饥饿，相反，他撑得很。

斯塔弗刚刚享用了一顿丰盛的大餐，这顿大餐从牡蛎开始，以葡萄干布丁结束，期间包括烤火鸡、烤土豆、鸡肉沙拉、南瓜馅饼……这顿富足过头的大餐所产生的热量让斯塔弗不堪重负，这会儿只剩下呼吸的力气了。

要知道他压根儿没料到今天会有这样一顿大

餐。几个小时前，他刚巧路过第五大道的一幢红砖公寓，里面住着两位出身贵族的老太太。她们的传统习俗之一是，在感恩节这天叫一个管家在后门口守着，吩咐他在正午的钟声敲响之后，把第一个还没吃饭的过路人请进来，让他美美地吃上一顿。斯塔弗就是在去公园的路上被管家请进去的。

斯塔弗摸着圆鼓鼓的肚子，在长椅上坐了一会儿。当他转头看到一位六十多岁、又高又瘦的老绅士穿过第四大街，严肃地朝自己走过来时，他立刻放下了摸着肚子的手，表情变得有些尴尬，短腿下面穿着破鞋的双脚在碎石路上扭来扭去。

九年来，每到感恩节，这位老绅士都会到这儿来带斯塔弗去一家餐馆，看着他饱餐一顿。这样的事情并不少见，但能够坚持九年却非常难得。

"你好，"老绅士说，"我很高兴看到你今年承受住了生活的重压，仍然还是这么健康地生活在这美好的世界上。如果你愿意跟我来，我的朋友，我打算

请你去餐馆里好好吃一顿。"

斯塔弗真想逃走，从前，这些话听来简直就像动人的音乐，可现在，他却实在为难。他想要拒绝，却看到老绅士的眼睛里闪着乐于助人的快乐光芒。

斯塔弗的喉咙里发出了一种声音，听起来就像是豌豆在锅里沸腾着，他打算说点什么。

这声音老绅士已经听过很多次，他当然会认为这又是斯塔弗表示感谢的老一套说辞："谢谢你，先生，真是太感谢了。我饿极了，先生。"所以他摆摆手，示意斯塔弗跟他走。

斯塔弗跟着老绅士乖乖地走进餐馆时，肚子已经撑得受不了了，可他就像一名真正的斗士一样振作起精神，大干了一场。火鸡、肉排、汤、蔬菜、馅饼，只要餐点一上桌就立刻被消灭得无影无踪，他压根忘了给老绅士剩点吃的。

一个钟头后，斯塔弗朝后一靠，终于打赢了这一仗。"真谢谢你，先生，"他就像一根漏气的蒸汽管子一样喘息着说，"谢谢你为我提供这顿丰盛的大餐。"老绅士的脸上浮现出了和以往一样乐善好施的笑容——这正是斯塔弗不忍打破的。

老绅士掏出一元三角的银币，仔细地点了点，另外给了服务生三枚镍币作为小费。就像以往一样，他们在门口分了手，老绅士朝南走，斯塔弗朝北走。

在第一个拐角的地方，斯塔弗转了个身，站了一会儿，接着像一匹中暑的马一样倒在了人行道上。

救护车来了之后，斯塔弗和他肚子里的双份大餐被一同送进了医院。一个钟头后，救护车又把那位体面的老绅士送到了医院，可怜的老人，他为了请斯塔弗吃饭，竟然已经三天没吃一点东西了。

　　为了让老绅士在感恩节这天继续体验"助人为乐、乐善好施"的幸福感，斯塔弗倒下了。而老绅士为了遵守诺言三天没吃东西，用仅有的钱完成感恩节的约定——请斯塔弗吃饭，最后因为体力不支也倒下了。感恩节是属于他们两个人的节日，因为他们心中都有感恩与爱！

赞美的力量

有一次,一个名叫卡鲁斯的年轻人到邮局去寄一封挂号信,邮局里人非常多。

卡鲁斯在一旁等候时,发现那位办理挂号信的职员态度很不耐烦,可能是因为他今天碰到了什么不愉快的事,也可能是因为年复一年干着单调重复的工作,早就没有热情了。

卡鲁斯见此情景,暗暗告诉自己:"我必须说一些令他高兴的话,这样他才会有积极性。他有什么优点是值得我欣赏的呢?"

于是,卡鲁斯偷偷在一边上下打量那位忙碌而烦躁的职员。他稍加用心,立即在那个职员身上找到

了值得欣赏的地方。

当那个职员接待卡鲁斯的时候，卡鲁斯非常热忱地说："我真的很希望有您这样浓密好看的头发！"

那个职员抬起头，有点惊讶，但立刻面带微笑，卡鲁斯似乎看到有朵花在他心里悄悄绽放。"嘿嘿，已经没有以前好看了。"他谦虚地回答，抓了抓自己的头发。

卡鲁斯非常认真地说："虽然您的头发失去了一点原有的光泽，但还是非常好看。"那个职员高兴极了，双方愉快地交谈了起来，他说的最后一句话是："相当多人称赞过我的头发。"

离开邮局后，卡鲁斯心想：我敢打赌，这位仁兄在今天回家的路上一定会哼着小调；我敢打赌，他回家以后，一定会跟他的太太提起这件事；我敢打赌，他一定会对着镜子说："这的确是一头美丽、浓密的头发。"

想到这些，卡鲁斯高兴极了。

一点小赞美就能改变别人此刻的心情，或许还可以为他的生活增添别样的光彩。那么何必再吝啬我们的赞美之言呢，它也许会改变被赞美者的一生！

"整人"的钢琴课

　　一位音乐系的学生走进练习室。只见一份全新的乐谱静静地"躺"在钢琴上。"超高难度……"他不断地翻着乐谱，自言自语，感觉对弹奏钢琴已丧失了信心。三个月过去了，自从跟了这位新教授之后，教授一直用这种方式折磨他。学生勉强打起精神，开始用自己的十指奋战、再奋战，努力、再努力……琴声淹没了教室外教授的脚步声。

　　指导学生的教授是位闻名于世的音乐大师，他的教学方式别具一格，授课的第一天，他给自己的新学生一份乐谱："试试看吧！"

　　乐谱的难度颇高，学生弹得错误百出。"还不熟练,回去好好练习!"教授在下课时对学生只说了这么一句话,便走了。

　学生练习了一个星期,第二周上课时正准备让教授验收成果,没想到教授又给他一份难度更高的乐谱:"试试看吧!"上个星期的课教授只字未提。学生再次挣扎于更高难度的技巧挑战。

　第三周,更难的乐谱又出现了。这样的情形一直持续了好几个月,学生每次在课堂上都被一份新的乐谱所困扰,然后把它带回去练习,接着再回到课堂上,面对难度更高的乐谱,却怎么都追不上进度,一点也没有因为上周的练习而

感到驾轻就熟。学生感到越来越沮丧和气馁，对弹奏钢琴的信心也直线下降。

，终于，当教授再一次走进练习室时，学生向钢琴大师提出这三个月来何以不断折磨自己的质疑。教授没开口，他抽出最早的那份乐谱，交给了学生："弹奏吧！"他以坚定的目光望着学生。

不可思议的事情发生了，连学生自己都惊讶万分，他居然可以将这首曲子弹奏得无比美妙、无比顺畅。教授又让学生试了第二堂课的乐谱，学生依然弹奏出了超高水平……演奏结束后，学生怔怔地望着老师，说不出话来。

"如果，我任由你表现最擅长的部分，可能你还在练习最早的那份乐谱，永远也达不到现在的水平……"钢琴大师缓缓地道出自己这样做的初衷。

人往往习惯于表现自己所熟悉、所擅长的领域。但如果我们回头反省，也许不难明白：看似紧锣密鼓的学习挑战，永无歇止的工作压力，都将助我们一臂之力，无形间指引我们走向更高的平台。人，确实有无限的潜力！

泥巴也很好玩

　　有一对孪生兄弟，其中一个过分乐观，而另一个则过分悲观。于是他们的父母拜托一位有经验的私人老师，为孩子们做一些性格改造，让悲观的孩子乐观起来，让乐观的孩子变得实际一些。

　　老师见到两个孩子后，先把所有的玩具都给了

那个悲观的孩子，而把乐观的孩子放在只有泥土和几根杂草的院子里。

几个小时后，老师看到悲观的孩子一直在哭，便走过去问："那么多玩具都是你的，怎么不玩呢？"孩子摇摇头说："玩了就会坏的。"虽然老师一再保证玩具并不这么容易坏，但悲观的孩子仍然边哭边说："可它们总有一天会坏的。"

接着老师来到院子里，只见那个乐观的孩子玩得正高兴，那几根杂草都已经被挪了位置，孩子的脸上沾满了泥巴。看见老师过来，他得意扬扬地说："老师，泥巴真好玩！我告诉你哦，我刚发现了一块宝石！"说着他从地上拿起了一块石头，"看！我想这地底下一定有宝藏，老师你也一起来挖吧！"

乐观者在每次危难中都看到机会，而悲观的人在每次机会中都看到危难。学会区别对待乐观和悲观两种情绪，才能将之合理利用。

骄傲的甲虫

太阳快要落山了，一只身上闪烁着金色光芒的甲虫正匆忙地赶着路。它不得不加快了脚步，因为它的家还远着呢！

金色甲虫一边走一边骄傲地昂着头，因为它觉得自己太美丽了。确实，夕阳照耀着它的硬壳，硬壳像宝石一样散发着光华。

突然，这只甲虫被绊了一下，谁让它昂着头，又走得那么快呢！

原来，路中间站着一只细小而不起眼的虫子，自以为了不起的金色甲虫可从来不认识这样平凡的无名小卒。

于是，金色甲虫趾高气扬地对着小虫子大声喊道："你这个无名小卒，快从路上滚开！你挡到我的路了！真是可恶！"它一边喊还一边扇动着自己的触角，显得既不可一世，又愤怒不已。

没想到这只小虫子仍然一动不动，好像没有把金色甲虫放在眼里似的。

金色甲虫怒了，它大吼道："喂，你没有听见吗？如果你不给我让路，我就要用胸甲把你碾碎！"说着，它真的毫不客气地准备从小虫子身上翻过去。

小虫子缓缓地睁开了眼睛，原来它刚才一直在睡觉。它迷迷糊糊地问："天黑了吗？"

金色甲虫真是气不打一处来，说道："你怎么回事，难道没有看到太阳快要落山了吗？你趁早走开，别挡着我回家的路！"

小虫子伸了个懒腰说："太好了，太阳快下山了！我可不喜欢太阳。"

金色甲虫一听这虫子居然不喜欢太阳，打算教育教育它:"你怎么可以说不喜欢太阳呢?没有太阳,草木不能生长,我们会没有吃的,也没有住的地方,根本就无法生存。最关键的是,在太阳光的照射下,我的硬壳能闪闪发光。看哪,它是多么闪耀动人啊!"金色甲虫说着,调整了一下姿态,夕阳照射在它的硬壳上,闪烁着五彩斑斓的光。

小虫子说:"你真美!"金色甲虫高兴了,说:"所以我是'金色甲虫'!哦,对了,你叫什么?"

"我叫萤火虫。"小虫子有些不好意思地轻声回答。

"哈哈，"金色甲虫大笑了起来，"萤火虫，你哪里有什么'萤火'啊？我看你不如叫'小蠕虫'更恰当！"

"我不叫小蠕虫，我叫萤火虫，我可以发光。"萤火虫说。

"哪里发光？"金色甲虫用怀疑的目光上上下下地打量了一下萤火虫，"哪里发光？你发个光让我看看。"

萤火虫低下头，有些害羞地说："现在还不行，要等天黑。"

金色甲虫嘲笑着说："我看你是在说谎，等天黑了，什么都看不见了，你靠什么发光？我不和你浪费时间了。我要回去了。再见，小蠕虫！"

萤火虫再也无法忍受金色甲虫叫自己"小蠕虫"，它生气地大喊："我叫萤火虫！"

金色甲虫见这不起眼的小东西竟敢顶撞自己，于是大声喊道："可怜的小蠕虫，连自己是什么都不知道！"一边说，还一边扑向萤火虫。这时天已经完全黑了，萤火虫点亮了它的灯，顿时，整个身体发出了绿色的光，真是美极了！

金色甲虫大吃一惊："这是什么？是什么在发光？"

萤火虫大声说："这是我的灯，是它在发光，别忘了，我叫萤火虫。"说完，它飞了起来，宛如一颗星星，朝金色甲虫挥了挥翅膀，一眨眼就不见了。

每一个人都有一些优于常人的闪光点，如果能充分发挥自己的聪明才智，将特长淋漓尽致地展现，一定会让别人刮目相看。

布采和德拉克斯

秋天的一个早晨，兔子布采在森林里快乐地捡蘑菇。突然，它一脚踩空，掉进了一个很深的洞里。

洞里坐着一个可怕的家伙，深褐色的面孔上长满了胡子，透着寒光的眼睛直瞪着布采。原来，布采不小心掉进了獾洞。

老獾上前摸着布采的皮毛，高兴地说："你就在我的洞里过冬吧，你的皮毛可以给我暖背。"

就这样，可怜的布采成了这只老獾的"俘虏"。不久，冬眠的日子到了，所有的洞口都已经被封死，洞里面漆黑一片。老獾命令布采替它暖背，很快，老獾一家就进入了甜蜜的梦乡。

　　可是，布采怎么也睡不着，它想起了洞穴上面的世界，想起了与伙伴们在草地上自由自在跳舞和翻跟头的日子。想着想着，它流下了伤心的泪水。

　　布采温热的眼泪浇醒了熟睡的德拉克斯，它是老獾的小儿子。它小声地问布采："你为什么哭啊？"

　　"因为我很想跳舞和翻跟头。"

　　于是，德拉克斯领着布采来到地下洞穴的十字路口，那里比较宽敞。布采踮起脚，小心翼翼地跳起舞来。德拉克斯还悄悄地帮布采捉来一只萤火虫照明，布采终于笑了。

　　可是没过几天，布采又伤心地哭了，它告诉德拉克斯:"冷冰冰的地下把我冻坏了,没有阳光我就活不了了。"

于是,德拉克斯开始试着用爪子把洞口硬得像石头一样的冻土挖松,即使它的爪子被坚硬而冰冷的土块划出了血,它也没有停下……终于,一道金色的阳光投进了昏暗的通道。

"现在你可以出去了,布采!"德拉克斯说着,像个哨兵那样守在出口处,叮嘱道,"但你一定要记住,冬天的太阳是不会在空中停留很久的,我会在这里等你回来。"

"好,好,我的好伙伴!"布采欢叫着,用爪子抚摸了一下朋友的鼻子,就跳了出去。

布采在雪地上忘情地晒太阳、跳舞,把德拉克斯的话忘得一干二净。

天慢慢黑了,突然,一只黑色的巨鸟出现在布采的头顶,巨鸟的爪子里抓着一个闪着红光的小球。

布采害怕极了,但当巨鸟俯冲下来时,它还是竭尽全力翻了个特大的跟头向巨鸟踢去,没想到这一踢竟然把那个发光的小球从巨鸟的爪子里踢了下来。布采把小球紧紧地抱在怀里,命令巨鸟赶快离开。

巨鸟却大笑着说:"我是死神科罗,我的小球里装着亿万个生命,你的朋友德拉克斯很快就要到我的死亡国里来了。"

天哪,布采这才想起来:德拉克斯正处在危机之中,命悬一线。因为德拉克斯说过,不管天气多么寒冷,它都会在洞口等着布采回去。但现在,它肯定快冻死了。

布采抱着球往洞穴跑,德拉克斯果然还站在洞口,不过它的全身都冻僵了,它就像一座冰雕矗立在那儿。

布采张开双臂,把朋友紧紧地抱在怀里。发光的小球从布采手里滑落,燃起了熊熊大火。火焰变成了一只强壮的鹰,鹰击退了巨鸟。

与此同时，冰雪开始融化，万物渐渐复苏。德拉克斯在布采的怀里苏醒过来，两个好朋友紧紧地拥抱在一起。

德拉克斯为了朋友，不惜牺牲自己的生命；而布采为了朋友也不顾一切，与强大的敌人抗争。朋友不但能同甘苦，还应该能共患难。

真正的富翁

从前有一个商人，他靠着带领驼队运输货物，赚了不少钱。巧的是，每次在运货的途中，他总能遇到一位砍柴的樵夫。两人虽彼此相识，却从未开口交谈。

这次外出经商，商人碰到了一些棘手的事，虽然最后也赚到了钱，但回想这几十年的辛苦经历，他觉得一点也不快乐。

商人不禁陷入了沉思中，忽然他听到不远处传来阵阵歌声，抬起头一看，那个经常相遇但从来没有交谈过的樵夫，正唱着歌儿走过来，并和往常一样，坐在商人旁边休息。

他们坐在一块大石头上聊了起来，商人好奇地问："我真不明白，小伙子，你穷得叮当响，怎么总是这么开心呢？"

樵夫哈哈一笑，说："那你为什么总是愁眉苦脸呢？你那么富有！"

"唉！"商人叹了一口气，"你说得没错，我是很富有，但是经商太辛苦了。辛苦我倒是不怕，最让我伤心的是我的一家人总是为了钱财吵得不可开交，无论是我的妻子还是孩子，他们只爱钱。如果有一天我变成穷光蛋了，他们可能会一个个离我而去！想到这里，我能不愁眉苦脸吗？"

樵夫听了之后若有所思地点点头。

商人又问："你是怎么得到快乐的呢？你是不是有无价之宝？"

"哈哈！"樵夫又笑了起来，说，"我哪有什么无价之宝！但我时时感觉到快乐幸福。"

"既然没有无价之宝，那么你家里一定有一个贤惠的妻子，一群可爱的孩子？"商人问。

樵夫笑道："我既没有孩子，也没有妻子，我呢，是个快乐的单身汉。"

"那么，你一定拥有美丽的爱情！"商人很肯定地说。

"我不知道这算不算爱情，但对于我来说，算是一件宝物。"樵夫笑得有点害羞。商人似乎受到了感染，也高兴起来了，他问："快告诉我，是一件怎样的宝物，让你如此快乐？"

"……是一位美丽的姑娘送给我的。"樵

夫说。

"是一件价值连城的定情物吗？"商人问。

"不是什么定情物，她离开这里去其他地方生活了，临走之前……"樵夫一脸幸福的模样。

"怎么样，她向你表白了？"商人急切地问道。

"她向我投来了含情脉脉的一瞥！"樵夫说道，"这一瞬间的目光，对于我来说，已经足够幸福了。我现在觉得每天的太阳特别美丽，柴火特别可爱，砍下的柴可供我果腹，卖柴得来的钱可作为日常花销，有什么比这样的日子更快乐呢！"

商人终于恍然大悟：原来樵夫才是这世上真正的富翁啊！

对于幸福的人来说，拥有一点值得回忆的东西就可以快乐一生，有一点光亮，就会有乐观开阔的心境。上帝给了每个人足够的幸福和快乐，只是有人不愿去享受，在痛苦中无法自拔而已。

他真的成了州长

　　罗杰·罗尔斯是美国纽约州第五十三任州长，也是纽约历史上第一位黑人州长。

　　从他当选州长以后，面对蜂拥而至的媒体，面对人们对他成功的好奇，罗杰没有大谈自己的奋斗史，只是说了一个人的名字——皮尔·保罗！

　　媒体对这个名字很陌生，他既不是有名的政治家，也不是有钱的商人，那么他到底是谁呢？后来人们才知道，皮尔·保罗是罗杰小学时的校长。

　　罗杰出生在当时声名狼藉的大沙头贫民窟。在那儿出生的孩子，从小就会旷课、打架，很少有人会专心学习，认真思考自己的未来。许多人都无所事事地活着，没有目标，也没有理想。

1961年，皮尔·保罗被聘为大沙头诺必塔小学董事兼校长。当他走进这所学校时，正巧碰见罗杰带领着一群黑人孩子在学校里肆意打闹。

当罗尔斯从窗台上跳下、挑衅地用手指着这位新任校长时，皮尔竟然没有像以前的校长那样责骂他，而是用平静的目光看着他，微笑着说："我看你修长的小拇指就知道，将来你会有大出息，甚至可以成为纽约州的州长。"

罗杰惊呆了，因为长这么大，只有他的奶奶认为他会有出息，可以成为一艘小船的船长。但这一次，皮尔斯先生竟然说他可以成为纽约州的州长，这真是太不可思议了！

这句话被罗杰深深地记在了心里，从那天起，纽约州州长就像一面旗帜般鼓舞着他。他不再旷课，不再口出秽语，不再肆意打闹。他开始挺直腰杆走路，专心学习，认真思考自己要成为州长所应该付出的努力。

在之后的四十年间，罗杰始终如一，每一天都按州长的目标严格要求自己。

在五十一岁那年，罗杰真的实现了自己的理想，成为纽约州州长。在他的就职演说中，有这样一段话："信念值多少钱？信念是不值钱的，它有时甚至只是一个善意的谎言，然而你一旦坚持下去，它就会迅速升值。在这个世界上，任何人都可以免费获得信念这种东西，所有成功者最初都是从一个小小的信念开始的。"

信念是所有奇迹的萌发点，只要你向着自己的目标不断努力，总会有实现的一天。而那个激发孩子信念的校长先生，更值得人尊敬，他是一名真正的教育家。

读了这些故事，我的心如同汇入一股暖流，感受到了无穷的力量……

我感：

坦然接受失败

有一个小男孩，他很顽皮。一年春天，他在田埂间玩耍时，正巧看见一只青蛙在呼吸新鲜空气。青蛙看见男孩并不躲闪，只是把它的眼睛瞪得溜圆，还鼓着腮帮子呱呱地叫。

男孩调皮地向青蛙的眼睑撒了泡尿，却惊奇地发现青蛙的眼睑非但没有闭起来，反而一直睁着眼瞪着他。这只小青蛙给他留下了深刻的印象。

男孩长大后，进入了五十铃汽车公司，成为了一名汽车推销员。

但一段时间下来，他非但没有体会到工作的快乐，反而受到了无休止的折磨。在顾客不断的拒绝声中，他的业绩毫无起色，因为没有提成收入，经济上也开始入不敷出，生活陷入了绝境。这个年轻的推销员一度消沉得想要自杀。

就在这个时候，他突然想起了童年时那只被尿淋到也不肯闭眼的青蛙。

回想着儿时的情景，他不禁喃喃自语道："青蛙视羞辱为淋浴。如果把我那泡尿比作顾客的拒绝，那推销员就得像那只青蛙。要学会坦然接受，甚至泰然处之。"

受到启发的推销员决定重新出发，并给自己立下了每天拜访三十家公司的宏愿。而在这个过程中，他开始学着用自己发明的"青蛙法则"来对待销售——客户的拒绝就好像尿撒在青蛙的眼睑上，只管睁眼面对客户的倾诉和抱怨，没必要惊慌失措、灰心丧气。

在他推销的第六十天，也就是完成了一千八百次访问之后，他得到了第一份订单。

六个月后，他平均每个月卖出十辆车。

一年之后，他平均每个月卖出十五辆车。

三年之后，他平均每个月卖出二十辆车，名列所有汽车推销员的第三名。

五年之后，他平均每个月卖出三十辆车，荣登全公司的销售冠军宝座。

此后，这位推销员成为日本五十铃汽车公司连续十六年的销售冠军。

他就是日本企业界公认的三位顶尖推销员之一——奥城良治。

一个人要想干出一番事业，一定要有坦然面对挫折和失败的积极态度，每个人都有犯错和力所不能及的时候，也不可能得到所有人的认可。千万不可一遇挫折就当逃兵，否则，将永远与成功无缘。

装满石头的篓子

一个人觉得生活过于沉重,劳累的工作、家庭的负担压得他几乎喘不过气。于是这个人来到哲人柏拉图那里,以寻求解脱之道。

柏拉图听完这个人的诉说后,没有说什么,只是递给他一个篓子让他背在肩上,并指着一条沙石路说:"你每走一步就捡一块石头放进篓子,看看有什么感觉。"

这个人开始遵照柏拉图所说的去做,柏拉图则快步走到路的另一头等着他。

过了一会儿,这个人走到了小路的尽头,柏拉图问他有什么感觉。那人说:"感觉越来越沉重。"

"这就是你为什么感觉生活越来越沉重的原因。"柏拉图说，"每个人来到这个世界上的时候，都背着一个空篓子，在人生的路上他们每走一步，都要从这个世界上拿一样东西放进去，所以就会越走越累。"

这个人问："有什么办法可以减轻这些沉重的负担吗？"

柏拉图反问他："那么你愿意把工作、爱情、家庭或者友谊，哪一样先从筐子里拿出来丢掉呢？"

这个人听后沉默不语。

最后，柏拉图拍拍这个人

的肩膀说道："既然都难以割舍，那就不要去想背负的沉重，而去想拥有的欢乐。我们每个人的篓子里装的不仅仅是上天给予我们的责任和义务，还有恩赐。当你感到沉重时，也许应该想想篓子里的东西给你带来的幸福与欢乐。这样一想，你的篓子里不就拥有更多的快乐了吗？"

那人听后恍然大悟。

人生在世本就拥有很多的幸福和快乐，不要总是把过去的负担背在身上、放在心上。多想想快乐的事，心中自然会轻松不少。

两个农夫

两个农夫，他们的地离得很近，他们每天都日出而作，日落而息。农夫甲总是垂头丧气，他觉得种田既累又没有出息，自己偏偏是这样的命，所以常常抱怨命运的不公；农夫乙恰恰相反，他总是精神饱满，扛着锄头，迎着朝阳唱着曲来，踏着晚霞哼着歌去。

一天正午，太阳炙烤着大地，两位农夫都到水渠边的大树下休息。农夫乙看着绿油油的庄稼，可高兴了，他笑着说："看来今年的收成不错，哈哈！"农夫甲一副不解的样子，看着农夫乙问："有什么可高兴的？我们付出那么多，才有这么一点收成，每天受苦受累，只能吃这些粗茶淡饭，真奇怪，这样的生活你怎么还高兴得起来？"

农夫乙依旧笑着，他说："我可不这么想，老哥，你看啊，我们每天沐浴在大自然清新的空气中，还有一片自己的土地。我们在属于自己的土地上耕作，看着地里的庄稼一天天成长，就像看着自己的孩子，丰收的希望就在我们眼前，呵呵，多开心啊！"农夫甲苦笑了一声，农夫乙继续说："你是不是觉得太不切实际了？那说点实实在在的。你看，我们累了，可以在大树下乘凉；渴了，喝一点清冽的山泉水；饿了，老婆

孩子会送饭来！不愁吃，不愁喝，自由自在！而且孩子一天天长大，我们的负担一天比一天轻，老天爷也给脸，收成一年比一年好！还有什么值得愁眉苦脸的呢？"

正说着，两人的老婆到田间来送饭。农夫甲越吃越没有胃口，而农夫乙一直吃得津津有味。

日子一天一天地过去，两个农夫各自在地上耕作，干着自己的农活儿。甲天天垂头丧气，乙日日精神饱满。转眼到了秋天，农夫乙的庄稼获得了大丰收，农夫甲的收成只有农夫乙的六成。

农闲时的一天，农夫乙正在家里翻阅资料，想着如何运用科学技术来提高亩产。农夫甲来找农夫

乙，说："我不想在村里种地了，准备到城里打工，在城里包工的一个亲戚愿意带我。我的地租给你种怎么样？"农夫乙觉得进城打工不是一个好主意，于是劝说农夫甲好好考虑。农夫甲去意已决，于是农夫乙答应租种他的土地。

土地变多了，农夫乙更加辛苦而忙碌了，不过他依然每天精神饱满，乐呵呵的。后来村里出去打工的人越来越多，他就租种了更多的土地，还雇了几个人帮忙。

几年过后，农夫乙成了种粮大户，盖了新楼房，儿子也考上了大学。农夫甲呢，依旧干着一些苦力活儿。长期的体力劳动压得他喘不过气来，加上他总是怨天尤人，日子还是过得很不顺心。

干好一项工作的前提是对这项工作充满热情，如果时时把工作当作一种负担，是永远都不会有所成就的。

重要的抉择

　　奥克桑娜是被两个满身沾满泥土的士兵用担架抬进来的，她被抬到这个被称作临时战地医院的地下室，放到了一个壁炉旁，而罗曼正好来这里取急救箱。他看到那天翩翩起舞、令全团士

兵兴奋失眠的漂亮姑娘奥克桑娜，这会儿正被一条浸满血迹的毯子裹得严严实实——狡猾的敌人袭击了装面包的车子，而奥克桑娜正是战地面包房的工人。

罗曼朝她走了过去，她也认出了他，眼睛里闪出了琥珀色的光芒，犹如两束燃烧的火焰。

"罗曼，你好！"她微微一笑。

罗曼大吃一惊，她是从哪儿知道自己的名字的呢？虽然自己和别的士兵一样，仰慕她已久，可她一直是团里的女神，多少人想要追求她啊，而自己只是一个穿着破旧军装、默默无闻的炮手，为了逃避生活中的种种不幸才不得已跑到战场上来。他从来没想过自己还能和奥克桑娜这样美丽的姑娘说上话。但这一声招呼却让他心里无比温暖，他激动得差点儿跳起来。

"你看，我还好吧？"奥克桑娜说，"不要紧，没什么可怕的，很快就会好的。我还要继续跳舞呢，是吧，罗曼？"

"当然，当然。只是你现在别多说话，要保存体力。等你好了，咱们再一起聊天，再一起跳舞。你会跳得更好，穿上那双'咔咔'响的靴子……"

"靴子！别提靴子啦！"奥克桑娜突然抓住罗曼的一只手，然后把他的手掌贴到自己的脸颊上，她的脸红得发烫。她剧烈地喘息着，断断续续地低声说：

"你看，我们是朋友……这些医生和护士都是陌生人，我不好意思……因为你是我的朋友，所以我想请你帮个忙，帮

我把左脚的靴子脱下来吧，实在太夹脚了，我受不了了。要是脱不下来，就用刀把它划开，行吗？"

罗曼点了点头，把那条被血浸透的毛毯微微掀起一角。可眼前的一幕令他震惊了：奥克桑娜的双腿已经被炸没了。

罗曼大脑一片空白，差点儿跌倒在地。水泥柱子旁边站着一个年轻的女护士，正在忙着安置伤员，看到这一幕，轻轻地惊叫了一声，然后马上用身上那件沾满血污的白大褂把自己的嘴堵了起来。

罗曼慢慢地放下毯子的那一角，朝她的脸俯下身去。从奥克桑娜的眼神中可以发现，现在她似乎舒服多了，好像那只靴子真的不再夹脚了。

地下室里一下子静了下来，静得连屏风后面做手术的声音都听得清清楚楚。

"奥克桑娜，亲爱的，"罗曼的声音有些沙哑，但非常坚定，"嫁给我吧。"

她睁着大大的眼睛，泪光闪闪。

"你说什么？嫁给你？"早就倾心罗曼的奥克桑娜的眼睛里闪烁着无法掩饰的幸福光芒，突然，她的语气中明显产生了怀疑，甚至是警觉，"为什么是今天？为什么是现在？"

"我怕明天……明天我就没有胆量说了。所以，你现在就要决定是不是答应我。"

奥克桑娜把脸靠在罗曼晒得黝黑的手上，闭上那双因为快乐而显得愈发美丽的琥珀色的大眼睛，轻声说："我们在一起会很幸福的，对吗？一会儿他们就会过来给我包扎，我还要和你在婚礼上跳舞呢……我好幸福啊，罗曼！"

那个站在水泥柱子旁的女护士见到这悲喜交加的一幕不禁落下了无声的泪水。

因为爱，罗曼在奥克桑娜遭遇变故的那一刻，大胆地向她求婚，希望能为她的后半生遮风挡雨。这样无私而伟大的爱，既和富贵钱财无关，也和青春美貌无关。我们应该为真爱喝彩，更应该为拥有真爱的人们祝福！

"会飞"的蜘蛛

一只黑蜘蛛在后院的两檐之间结了一张很大的网。难道蜘蛛会飞？不然从这个檐头到那个檐头，中间有四米多宽，第一根线是怎么拉过去的？

原来蜘蛛走了许多"弯路"——从一个檐头起，打结、顺墙而下，一步一步向前爬，小心翼翼，翘起尾部，不让丝沾到地面的沙石或别的什么物体上。

它走过空地，爬上对面的檐头，高度差不多了，再把丝收紧……就这样不断来回重复着自己的"路线"，最后终于越过了四米多宽的"鸿沟"，成了一只"会飞"的蜘蛛。

努力是一种无坚不摧的力量，当蜘蛛确定目标后，正是通过每一时每一刻不断的努力，最终完成了目标。

如果有机会，请你一定要仔细看看蜘蛛的网，你会发现那小小的网编织得十分精巧。不会飞的蜘蛛在空中编织出了看似只有飞翔的昆虫才能结出的完美之网——奇迹永远属于坚持不懈的奋斗者。

彩票与跑车

保罗在一家夜总会里吹萨克斯，收入不高，却总是乐呵呵的，对什么事都表现出乐观的态度。保罗很爱车，但是凭他的收入，想买车是不可能的。和朋友们在一起的时候，保罗总是说："要是有一辆车该多好啊！"每当这个时候，他的眼睛里总会发出无限向往和兴奋的光芒。

有人建议他："去买彩票吧，中了大奖就有机会买跑车了。"于是他买了一张两块钱的彩票。可能是上天有意成全他，保罗的这张两块钱的彩票，果真中了大奖。保罗终于如愿以偿，用奖金买了一辆跑车，整天开着车去兜风。

人们经常看见他吹着口哨、驾着爱车在林荫道上行驶，也总是看到他把车擦得一尘不染。可是好景不长，有一天，保罗把车停在楼下，第二天竟然发现车被偷了。

朋友们得知这一消息后，都担心他受不了这个打击，纷纷跑来安慰他："保罗，车丢了，你千万不要太伤心啊！"

没想到保罗却大笑起来："我为什么要悲伤？"朋友们对他的表现都很不解。

"如果你们不小心丢了两块钱，会很悲伤吗？"保罗继续发问。

"当然不会。"朋友们说。

"这就对了，我被偷的不过是区区两块钱啊！"保罗笑道。

因为留下了乐观，放弃了悲伤，懂得丢掉生活中负面情绪的保罗才能拥有快乐的生活。如果你在生活中遇到困难或是不如意，倒是可以学一学"乐呵呵的保罗"呢。

三个好伙伴

　　小丑鱼独自生活在美丽的大海里，它没有朋友一起玩耍，整天孤孤单单的，真是无聊极了。

　　一次，一只凶恶的大章鱼挥舞着八条巨大粗壮的腕足，朝小丑鱼猛扑过来！小丑鱼吓坏了，拼命地往前游。嘿，恰好前面岩石上有一只海葵正在向它招手呢！小丑鱼来不及细想，一鼓作气钻了进去。

　　海葵可不是好惹的，它有长长的触手，不仅可以像舞蹈家一样跳出优美的舞蹈，还可以攻击敌人，把触手上的倒刺刺进敌人的身体，同时喷射出一种可以使人麻痹甚至死亡的毒液。

　　章鱼看到海葵伸出的长长的触手，吓得大叫一声,转身逃跑了。

就这样,小丑鱼和海葵成了好朋友。小丑鱼高兴极了,因为它终于不是孤单一人了,现在有人和它一起聊天,一起玩耍了。

有一天,小丑鱼发现海葵一脸的不高兴。"怎么了,我的朋友?你遇到什么不开心的事情吗?"

"我没有尾巴,不能移动,大海远处那些美丽的景色我从来没有见过。要是我能像你一样,可以自由自在地在大海里游泳,那该多好啊!"海葵伤心地说,"可惜这个愿望永远也实现不了了!"

"别担心,我一定能想出办法,帮你实现愿望。"

小丑鱼日思夜想，终于想出了一个好办法。它游到岩石下面，来到老邻居寄居蟹的家，把海葵的烦恼告诉了寄居蟹，并试探着问："蟹哥哥，你愿意背着海葵一起畅游大海吗？"

寄居蟹乐呵呵地答应道："愿意，当然愿意！和朋友一起在大海里遨游可是最快乐的事了！"

海葵坐在寄居蟹宽阔的背上，终于能和小丑鱼一起遨游大海了，可是想到一直让寄居蟹背着自己，它又有点儿不好意思："蟹哥哥，你累不累啊？"

"不累，不累。"寄居蟹笑着说，"我也愿意在大海里散步，可是因为到处都有敌人，所以才不敢去。现在有你在身边，我感觉安全多了！"

就这样，三个好朋友一起生活，相互帮助，再也没有人敢欺负它们了。

真朋友是人生最宝贵的财富，大家一起面对困难，一起分享快乐，那样人生才会更丰富多彩。

不完美的泥娃娃

很久以前，俄罗斯的一个村庄里住着一位做泥娃娃的手艺人。他做的泥娃娃十分漂亮，在市场上很受欢迎。

为了防止这门手艺失传，手艺人打算教儿子做泥人，就这样，父子俩开始一起做泥人。

儿子的手比父亲的还巧，加上他年轻力壮，干起活来干脆利落，他做的泥人很快便青出于蓝而胜于蓝。

起初，他做的泥人和父亲做的卖一样的价钱。结果没过多久，他做的泥人的卖价就超过了父亲的。父亲做的泥人每个卖两卢布，他做的卖三卢布。

可是，父亲对儿子的斥责并没有减少。他对儿子做的泥人总是不满意，不是说这里有缺点，就是说那儿有毛病。儿子听取了父亲的意见，比以前更用心、更刻苦地做泥人。

后来，儿子的泥人做得越来越好，在市场上卖的价钱也不断提高。可父亲做的泥人还是跟以前一样，每个卖两卢布，而儿子做的则涨到了五卢布、六卢布、七卢布，最后到了十卢布！

可是，父亲仍不满意，他动不动就给儿子做的

泥人挑毛病:"你看看这里,这只眼睛比那只大,你看看那里,两个胳膊不对称,你再看看这耳朵,这做的是耳朵还是簸箕啊?还有这指甲,那么小,看都看不见……"

儿子生气了,他说:"爸爸,你之前说我,我都忍了,但这次我真的要把我真实的想法告诉你:你为什么老是挑我做的泥人的毛病?你做的泥人,每个我都能挑出二十个毛病!你也不看看,你做的泥人至今仍卖两卢布一个,而我做的呢,卖十卢布还供不应求。我觉得我做的泥人已经很完美了,根本不必再改进!"

父亲失望地看着儿子,伤心地说:"孩子,你说的的确没错。不过这些话从你嘴里说出来,我很难过。因为我知道,今后你做的泥人的价钱永远也不会超出十卢布了。"

"为什么?"儿子惊讶地问。

父亲看了看儿子,说:"作为一个手艺人,如果认为自己的手艺毫无瑕疵，没有任何需要再改进的地方，或者认为根本没有改进的必要，那么就意味着他的长进就此停止。手艺人一旦自满，他的手艺就再也不会提高。我也曾对自己的手艺扬扬得意，结果从那天开始一直到现在，我做的泥人就只能卖两卢布一个，再也没有超过这个价钱。"

儿子听了，惭愧地低下了头。做个手艺人，真的应该时时提醒自己：月满则亏，水满则溢啊！

自满是个可怕的泥潭，一旦陷进去，就难以自拔。少一点自负，少一些幻想，在进步中努力，在努力中进步，慢慢积累，最终才会有一个积极而充实的人生。

给妈妈的礼物

圣诞节前夕，杰西和哥哥杰米、乔打算离开家，到树林里去采集一些用来装饰房间的绿色树枝。

杰西原本是一个快乐的小女孩，但是那天早晨她感到很难过，因为她听说妈妈为了省钱，给她和哥哥们买了礼物，自己就不打算置办圣诞行头了。

杰西把妈妈的话告诉了哥哥们，他们为此讨论了一番。

杰米说："如果亲爱的妈妈没有圣诞礼物，这简直太糟糕了。"

"我不喜欢这样。"杰西含着眼泪说。

"可是她有你啊。"乔帮妹妹擦去脸上的泪水。

"但我并不是什么新的东西啊。"

"等你再回到家的时候，就是新的了。"乔说，"因为妈妈已经有一个小时没看到你了。"

哥哥的话让杰西高兴了起来："那就把我放进篮子里带给妈妈吧，就当我是她的圣诞礼物。"

于是哥哥们把杰西放进篮子里，在她的周围放满绿色的树枝。哥哥们把篮子放在家门口的台阶上，然后进门对妈妈说："妈妈，外面有一份我们送给您的圣诞礼物。"

妈妈跑出去一看，她的小女儿正坐在一篮绿色的树枝中冲她笑呢。这一天，妈妈很快乐，三兄妹也很快乐！

父母的爱总是无私的，对于他们来说，孩子的笑容或是一句温暖的话，就是最好的礼物。

读了这些故事，我的情感如汹涌的波浪般不断翻滚升腾，我也想成为一个更好的人……

我想:

普罗米修斯

在很久以前，有一位天神，叫普罗米修斯。他把人类当作自己的孩子，把许多本领都教给了他们，而人类也用爱和忠诚回报普罗米修斯。

人类对普罗米修斯的拥戴让众神之王宙斯很嫉妒，于是他对人类宣布："我才是天地间最伟大的神，你们必须服从我，向我贡献祭祀品，否则我就要毁灭人类。"

人类不知道宙斯究竟想要什么祭品，便去向普罗米修斯求救。

普罗米修斯想出了一个办法。他让人类宰杀了一头牛，把内脏和鲜肉放在一起，上面盖上粗糙的牛皮，然后把所有骨头放在一起，再盖上一层鲜美的肥肉。

人类恭敬地请宙斯从两份祭品中选择一份。宙斯很高兴地选择了那一堆肥肉。从此，人类只需献给宙斯一点肥肉和骨头就行了，而内脏、鲜肉和牛皮就可以留给自己当食物和衣服。

宙斯知道自己上了当，愤怒的他制造了一场可怕的暴风雨，让洪水淹没了整个大地，许多人在洪水中失去了生命。

等洪水退去，普罗米修斯又重新用水和泥土捏出了人类。但由于大地上发生了瘟疫，人类不断地死去。

幸存的人也只能住在冰冷的山洞里，过着饥寒交迫的日子。他们被野兽追捕，甚至彼此残杀。

"只要人类有了火，"普罗米修斯对自己说，"他们就可以取暖和吃到熟食了，他

们还可以学会制造工具，给自己盖房子住。现在没有火，他们的日子过得比野兽还要差。"

于是，普罗米修斯向宙斯求助："伟大的众神之王，请把天火给我吧，人类需要它。"

但宙斯毫不留情地拒绝了他的请求："天火是神才能拥有的宝物，如果你再为人类求情，我就要狠狠地惩罚你！"

看着在瘟疫中苦苦煎熬的人类，普罗米修斯决定冒一次险。他找来一根长长的茴香枝，登上了众神居住的奥林匹斯山的最高峰。

早上，当太阳神驾驶燃烧着天火的马车经过时，普罗米修斯偷偷把茴香枝伸进太阳车里，树枝立刻燃烧起来。

就这样，普罗米修斯冒险把天火的火种带回大地，送给了人类。

不久后，宙斯站在奥林匹斯山上俯瞰众生时，突然看见了遍布大地的火光，他不由得大吃一惊，立

刻叫来普罗米修斯问话。

　　普罗米修斯骄傲而喜悦地对宙斯说："你看，如今天火已经遍布大地，很快人类将变得比你还强大。"

　　宙斯气得火冒三丈，命令山神用铁链把普罗米修斯锁在高加索山脉的悬崖上。

　　山神很同情普罗米修斯的遭遇，劝他舍弃人类，服从宙斯的命令。

　　普罗米修斯不肯屈服，奋力反抗，但最终还是寡不敌众，被巨大的铁链锁在了陡峭的悬崖上。

　　就这样，普罗米修斯被直挺挺地吊在悬崖上，双脚不能弯曲，双手

和胳膊上都是淤青。他不能睡觉，还要忍受饥渴和炎寒的折磨。

而更令普罗米修斯痛苦不已的是，宙斯还派出了一只恶鹰，每天去啄食他的肝脏，第一天被啄食的肝脏，第二天又会重新长出来，普罗米修斯日复一日地忍受着巨大的痛苦，但他无怨无悔，为了人类的幸福他愿意付出如此巨大的代价！

普罗米修斯为了帮助人类，不惜反抗众神之王宙斯的意志，最终被绑在高加索山脉上承受无穷的痛苦。普罗米修斯的这种勇气叫"舍己为人"，是所有勇气中最了不起的。

无价的木马

约翰不喜欢买玩具，他喜欢自己动手做。但他的朋友奥斯汀却认为手工制作的玩具一文不值，也从来不尝试自己做任何玩具。

一天，奥斯汀拿着一匹带轮子的木马来找约翰："看哪，这是我花十美元买来的。"

约翰很羡慕奥斯汀能有这样好玩的木马，但他并不会要求父母买给他，他只是仔细观察着这匹木马。当天晚上，他来到工具棚里，取出两块木料，一块用来做马头，一块用来做马身。他花了整整三天时间，把它们变成自己满意的形状。他的爸爸送给他一块红色的皮革做马鞍，还有一些铜片做马蹄。妈妈则给他找来了一些旧毛线，可以用来做马鬃和马尾。

但拿什么来做轮子呢？这可把他难住了。最后，他只好向工厂里的木匠求助。那位木匠帮他做了四个轮子，还夸他是一个小天才。

这样的赞扬使约翰感到很骄傲，他带着木马跑到奥斯汀那里："快看哪，这是我的木马。"

"哦，这匹马真漂亮，你在哪儿买的？"

"这不是买的，是我自己做的。"约翰自豪极了。

"你自己做的？的确是一匹漂亮的马，但还是没有我的好，我的那匹值十美元，而你的一文不值。"奥斯汀不屑地说。

"但我认为自己做的木马是无价的。"说完，约翰带着自己的木马走了。

物品的价值不在于价钱的高低，而在于它所承载的意义。亲手制作的玩具，即便没有买来的好看，但却能给制作者带来无尽的满足和成就感。

京都蛙和大阪蛙

　　从前，有一只青蛙住在日本的京都。

　　"京都真是个好地方啊！"京都青蛙说，"可是，据说大阪那地方既热闹又繁华，真想到大阪去玩一趟。对了，好事快做，我得趁着年轻力壮，赶快行动。"说着，京都的青蛙背起饭盒，向大阪方向开始行进。

　　而在大阪，也住着一只青蛙。

　　有一天，这只大阪青蛙突然抬头看着天说："大阪真是个既热闹又繁华的地方啊！不过，据说京都是个古都，风景非常优美，真想到京都去玩一趟。对了，说走就走，我得马上上路。"说完，它准备好饭盒，把它挂在脖子上，朝京都方向进发。

京都和大阪之间隔着一座高山。京都的青蛙和大阪的青蛙分别从山的北边和南边开始攀登，如果不翻越这座高山，就无法到达京都和大阪。

"啊，观赏大阪多么快活啊！"京都的青蛙一边使劲儿地往上攀登，一边赞美着。

"啊，观赏京都多么快活啊！"大阪的青蛙也一边使劲儿地往上攀登，一边赞美着。

最后，两只青蛙终于攀上了高高的山顶，它们在那里相遇了。

"你好，你好！"

"呀，你好，你好！"

两只青蛙热情地打着招呼。

"你拿着饭盒上哪儿去啊？"

"我来自京都，听说大阪很好玩，想去见识一下。你拿着饭盒到哪儿去啊？"

"呀，不瞒你说，我正是从大阪来的，我想到京都走一趟。”

“啊,是吗? 辛苦,辛苦。”

“噢,彼此,彼此。”

“那么,就让我在山上眺望一下大阪吧! ”京都
的青蛙说。

“那么,也让我在山上眺望一下京都吧! ”大阪
的青蛙说。

于是,两只青蛙踮起脚尖,仔细
地眺望着远处的城市。

“怎么,原来大阪是个
和京都一模一样的地方

啊！早知道这样，又何必特地赶路呢。"

京都的青蛙刚说完，大阪的青蛙也叫了起来："唉，怎么搞的，原来京都是个和大阪一模一样的地方啊！早知如此，我又何必特地赶路呢。"

实际上，因为它俩都支起了身子，踮起了脚尖，所以长在它们脑袋瓜上的眼睛所看到的地方，就是自己原来居住的地方。也就是说，京都的青蛙现在望着的地方是京都，而大阪的青蛙现在望着的地方是大阪。

两只青蛙失望地坐了下来，打开自带的饭盒，匆匆地吃了几口饭。

"既然如此，我们就回去吧！"

"我也是这样想的，这趟真是白跑了。"

于是，两只青蛙各自朝着自己的家乡走去。

从此以后，京都的青蛙一直这样规劝身边的朋友："如果你们想去大阪那大可不必了，大阪原来是个和京都一模一样的地方呢！"

大阪的青蛙呢，也是一直这样规劝身边的朋友："如果你们想去京都那大可不必了，京都原来是个和大阪一模一样的地方呢！"

从那以后，大阪的青蛙不去京都，京都的青蛙也不去大阪了。

两只青蛙千辛万苦登上了高山，却因为一点小小的疏漏全然否定了自己的努力，轻率地下了一个错误的结论。可见，突破外部的困难需要努力和决心，突破内心的困难需要勇气和力量，努力积累则需要最终的坚持。

无法实现的和平条约

从前，有一只猫，一只狗，还有一只老鼠，它们生活在同一个屋檐下。每天，它们都要为了食物打来打去，就像天生的仇家一样。

有一天，它们照例激烈地厮打着。突然，狗停了下来，大吼一声："太没意义了！"

它架开猫和老鼠，对它们说："唉，我们干吗每天这样打来打去呢？我们就不能好好地和平相处吗？瞧，猫和狗本来就是朋友，对不对？"那只猫看见狗的凶相，只好无奈地点了点头。

"那么，"狗又说，"猫和老鼠也可以相亲相爱，对不对？"那只老鼠不情愿地摇了摇头，小声说："不可以。"狗听了不高兴了，用肢体语言给老鼠发了个"信息"，老鼠害怕了，只好点点头，狗这才满意。

于是，狗主笔写下了一份《和平条约》，条约上清清楚楚地写明：狗、猫和老鼠发誓以后再也不打架，平等相待，互相照顾。

狗带头在条约上按了手印，猫和老鼠也依样按上了自己的手印。从那以后，它们再也没有打过架，还真的团结友爱起来：狗给大家做饭，猫和老鼠帮狗洗澡；老鼠帮猫梳毛；猫带着老鼠大摇大摆地逛街。这样的组合还真和谐，在它们眼里，世界突然变得很美好！

可是，有一次，它们三个吃完早饭后出门遛弯，过马路时，一辆车从它们身边飞驶而过，从车上掉下来一大块肥肉。

大家看见了，赶紧让狗去拿肉，谁知狗叼了肉就不由自主地一口吞到了肚子里。猫和老鼠看了很生气，就拾起路边的石块，把狗打得头上起了包。狗也不肯示弱，先从口袋里掏出那份《和平条约》将它撕了个粉碎，随后龇着尖牙，张开利爪，奋力反击，三个家伙顿时打成一团。

从那以后，它们又像以前一样，争来打去，重新过起了那种永无休止的战争岁月。

按出力的大小公平地划分利益，是合作得以继续的前提，如果某一方打破了这一平衡，那么，第一次合作也就变成了最后一次！

龟猴分树

一天，乌龟悠闲地在河边晒太阳，忽然看见水里有东西向它漂过来。乌龟近前一看，原来是棵香蕉树，便激动地跳下水去，把它拖上岸，可是刚拖到陆地上就拖不动了。

于是，乌龟去找猴子："我捞到了一样宝贝！"猴子跟着乌龟来到河边，看到原来是一棵香蕉树，猴子十分心动。

乌龟说："劳驾帮我抬一下，我要把它种到我的地里。"

可是猴子有自己的小算盘，它说："我可以帮你，不过你得分点香蕉给我。"

乌龟说："你肯帮忙的话，我跟你平分。"

于是，猴子和乌龟一起把树拖到乌龟的园子里。等乌龟挖好洞要把树栽上时，猴子拦住了它："不行，咱们说好了要平分的。"

"别急，"乌龟说，"咱们把它栽上，等结出香蕉来，一人一半。"

猴子却不同意："不成，不成，我要求马上就分！这棵树每人分半截儿！"

乌龟傻眼了，说："这样分一棵树可不大高明。"

可猴子还是坚持道："不管怎样，我马上就要

我那一份儿。"

无可奈何的乌龟只好把树砍成两截，猴子见上半截长满茂盛的绿叶，觉得那部分一定是最好的，马上就按住上半截说："这半截是我的。"说着就拿走了上半截，把它栽在自己的园子里。

乌龟叹了口气，把自己的那半截也栽上了。

猴子的上半截绿树很快就枯死了，它很伤心；而乌龟的那半截因为有根，长出了鲜嫩的新叶，结出了黄澄澄的香蕉。

香蕉终于成熟了，可乌龟不会爬树，摘不到香蕉，于是它又把猴子找来，想请它上树把香蕉扔下来，并答应分些香蕉给猴子吃。

不料，猴子爬上去，坐在树顶上把香蕉先吃了个饱，根本不理会树下的乌龟。

乌龟在树下望眼欲穿，可是猴子一根香蕉也没有扔下来，只管坐在那里自己享受。"扔些给我吧。"乌龟乞求道。

"休想，"猴子气呼呼地说，"上回你把我骗了，把一截死树给了我，这回我可要吃个够！"

"几根就够了，让我尝一尝。"乌龟快要哭了。可是，它等来的却是丢在头上的一把香蕉皮。

这下乌龟可火了，它从荆棘丛里摘下好多荆棘，围着树撒了满地。等猴子吃完树上最后一根香蕉、纵身往下一跳时，恰好踩在了荆棘上。它痛得哇哇大叫，乌龟看见它那副衰样，忍不住笑出声来。猴子听见了，跳过去一把抓住乌龟，把它翻了个四脚朝天，这下乌龟可动弹不得了。

于是猴子宣称："说吧，你想受到什么惩罚？要我用棍子打你呢，还是把你从山顶上扔下去？或者把你的乌龟壳磨成粉？"

乌龟装作害怕的样子说："怎么样都行，只要你别把我扔到水里去就好。"

猴子一听乐坏了："水！原来你怕水，那我就要在水里惩罚你！"

猴子提起乌龟走到河边，把乌龟扔到水里，心里痛快极了。

谁知过了一会儿，乌龟浮到了水面上，探出头来对猴子说："谢谢你，朋友，你难道不知道水里就是我的家吗？"

乌龟是个很好的合作者，愿意和猴子平分果实，可是猴子却既急功近利又自私自利，破坏了良好的合作基础，还不思悔改，最终受到了惩罚。可见坚定的信念、良好的心态、公平的意识在合作中至关重要。

画中的秘密

一天，亚森·罗宾在经过一条闹市中的僻巷时，看见一个破旧的园子里面十分热闹，一批批身份迥异的人拿着自带的工具在园子里的角角落落东挖西掘，其中一男一女手里还拿着一张图，他们一边琢磨一边挖。

罗宾非常好奇，也凑了过去，他见两人手上的图就是这个园子的示意图，图上有希腊式的建筑、石级环绕的鱼池。图的左边是古井，右边是一面太阳钟。图的落款处用红笔写着"15·4·2"这串数字，据说，这幅图已有一百年的历史了，罗宾心想，这串数字应该表示1802年4月15日。

大家挖了好一阵子,可除了泥土、石块、草茎、树根外,一无所获,只好十分扫兴地离开了园子。

为了弄清情况,罗宾马上在附近大街上找到了一家律师事务所,见到律师时,他说明了来意:"我想用高价买下附近那个园子,在那里建造一座楼房,请您帮我公证。"

律师连连摇手:"你出再高的价格也买不下这个园子。"接着他讲了一个故事:这座园子在一百年前曾是一个大将军的别墅,这个将军很有钱并忠于皇室,大革命时,他从这儿被抓走,送上了断头台。传说,他预感到危险将临,事先将宝藏藏在了园子里,但并没有留下只言片语,只把两幅园子的示意图交给他的儿子和女儿。当时,儿子被一同抓走,女儿远嫁在外。政权更迭后,儿子被释放,可成了疯子,园子被归还时,女儿也无从得知宝藏的下落,只剩下两幅示意图代代相传。现在,将军的后裔大多陷入贫困,但他们坚信园子里埋有宝藏,相约绝不出卖园子。

　　每年4月15日，是将军被捕的日子，将军的后人们会不约而同地来到这个园子挖掘宝藏。为了公平起见，每次他们都要请律师作公证人。

　　年复一年，律师对做这个公证人感到很厌倦，他不再相信那个传说是真的，但却十分同情这些穷苦的后人，于是向他们提议，可以请外人来挖宝，如果挖到了，就可以分到宝藏的三分之一；如果挖不到，则要一次性交五千法郎作为挖宝的保证金。

　　这个办法居然打动了一些一心想发横财的人，但从来没有人成功挖到宝藏。律师则将每笔五千法郎的保证金分给将军的后人们，那些钱对于这些穷人来说是一笔稳定的收益，所以园子不可能出售。

罗宾听完介绍，立马掏出五千法郎作为挖宝的保证金，和律师约定明年4月15日准时来挖宝。

第二年4月15日下午快两点的时候，罗宾姗姗来迟，他在太阳钟的旁边站定。只见石柱上

刻着一个爱神的雕像，它正展开双翅，手里握着一支箭。当外面的大钟指向两点时，那支箭正好射向石板上的一条缝隙。

罗宾拿出预先准备好的一把小刀，向缝隙中划下去。随着泥沙的刮落，小刀好像触到了什么物件，罗宾连忙用手去抠挖，居然接连抠出了十八颗熠熠发光的宝石。

原来，罗宾早就参悟到，自己原先认为的那个代表1802年的"2"字应该代表下午两点钟，因为只有这个时间，太阳才会照到将军埋宝的地方。

罗宾固然很聪明，但律师也相当敬业，他想出的"请别人来挖宝"的方法因为分配方式的公平合理得到了大家的认可，如果没有这个提议，那么，纵然罗宾再有聪明才智也无处发挥，宝物将永世被掩埋！

总统先生的签名

有一天下午，美国总统克林顿在医院探望一位生病的朋友。突然，他发现自己的衣角被人扯住了，原来一个金色头发的小男孩不知从哪里冒了出来，他钻到克林顿的身边，眨巴着大眼睛看着克林顿，就是不说话。

克林顿蹲了下来，亲切地问："怎么了，小家伙，你是有事要跟我说吗？"

"总统先生，我可以要您的签名吗？"小男孩突然大声问道，然后咧着嘴笑了起来。

克林顿被眼前这个小男孩逗乐了，他微笑着拿起名片，迅速签上名字后递给了小男孩。"原来你喜欢我，哈哈，这样可以了吗？我的孩子！"克林顿友好地摸了一下小男孩带着酒窝的小脸蛋。

小男孩接过克林顿的签名，又说："您还能再帮我签两张吗？"

克林顿一脸笑意地说："怎么要那么多张呢？不要太贪心哦！"

小男孩一点儿也不含糊地回答说："因为三张您的签名才可以换到一张迈克尔·乔丹的签名照。"

"哦，原来是这样啊，我明白了，哈哈哈！"克林顿总统大笑起来，接着他又拿出两张名片，耐心地签上了名字。他摸着小男孩毛茸茸的鬈发开心地说："我有一个侄子，也非常喜欢迈克尔·乔丹，等我有空了，也要去帮他换一张迈克·乔丹的签名照。"

克林顿并没有因为小男孩崇拜的偶像不是自己而生气，反而大方地表示自己的侄儿也很喜欢乔丹。这不仅展现了总统的胸怀，也充分体现了总统的机智。

没有说完的故事

　　有一个牧民，他非常爱听故事，但是他太吝啬了，不肯为此付出一丁点儿的代价。有一天黄昏，一个外乡人路过他家的帐篷，请求借宿一晚。

　　外乡人恭恭敬敬地站在帐篷门口，对牧民说："亲爱的朋友，我祝您牛羊肥壮，草场茂盛！"

　　牧民点点头，他看这个人风尘仆仆，来自远方，路上一定有说不尽的见闻。他的心里痒痒的，琢磨如果把这个人留下来，就能听到许多有趣的故事。可如果留下他就不得不管他吃饭；如果把他赶走，就享受不到听故事的乐趣了，这真是左右为难啊！

　　思量再三，牧民禁不住听故事的诱惑，还是决定留他过夜。还没等开饭，牧民就先下手为强，提出要客人讲故事的要求。客人说："我的故事可多呢，不过还没有吃晚饭以前，我不能讲，因为肚皮会抗议！"牧民没有办法，只好请他吃饭，席间，他给客人盛了一碗肉汤面，却舍不得把肉往碗里装，只弄了一小块漂在汤里。

客人起初还慢腾腾地吃面条，吃着吃着，他忽然喊了起来："你好啊！"牧民感到奇怪，就问他："你在跟谁打招呼呀？"客人对他说："我在碗里碰到了

一块肉，所以就大声地打招呼呢！"牧民被他说得不好意思了，就往他的碗里添了一些肉，但都是肥的，瘦的全留给了自己。

就这样，他们一边用餐一边聊起了天。

"你的足迹踏遍了草原，今年的草长得怎么样？"牧民问他。

"各式各样的都有，有像你这样的，"他指了指牧民碗里的那些瘦肉，"也有像我这样的。"他指了指自己碗里的肥肉。

晚饭以后，牧民又请客人讲故事，可是客人经过一天的长途跋涉，太困了，就说："躺在被窝里讲更舒服一些。"

牧民给他铺了一张大毡子，两个人一起躺在了毡子上。

"这下你得给我讲一个长点的故事！"牧民兴奋地要求道。

"我讲一个最长最长的故事！"客人笑了笑，就

说起了开头："从前，有一只鸟王，她的名字叫加里德，她听说在远方的大海里有一颗宝石，拥有它就能使人永远年轻。鸟王很想得到它，于是她飞向了那遥远的大海……"

说到这里，客人停了下来。"后面怎么样？"牧民催促道。

"不知道，"客人回答说，"她才刚刚飞走。"

过了一会儿，牧民又问道："她现在到哪里了？"

"刚刚才飞了一会儿，离大海远着呢。"两人陷入了沉默。

又过了一会儿，牧民忍不住又问:"那现在怎么样了呢?"

"唉!"客人叹了一口气,"才飞了一半的路!"

"那她什么时候才能飞到大海呢?"牧民有点沉不住气了。

"快不了……路太长了,我们最好还是先睡一觉吧!"客人翻了个身,就呼呼大睡了,吝啬的牧民最后还是没有听到一个完整的故事。

牧民看似精明,却总犯糊涂,他想享受听故事的愉悦,却吝啬到一毛不拔。天下没有免费的午餐,平等交换、互惠互利,才是两方合作中最实用的原则,它既制约了合作的双方,也保证了各自的利益。

争个好价钱

安先生拥有一大片林地，他一直守着这份地产，期待着有朝一日能有好运降临到自己的头上。

果然，他日夜盼望的这一天终于到了，一条非常重要的高速公路拟定从他的土地上横穿而过，土地征收员立刻找上了门。

"我一定得要个好价钱，这样后半辈子就不愁吃喝了！"安先生似乎已经看到自己腰缠万贯的得意样子。

"这条计划中的高速公路，重要得就像人体中的主动脉。我也理解您对土地的感情，但为了国家的发展、经济的繁荣，请您务必将林地出让给我们。"

任凭土地征收员磨破了嘴皮子，安先生还是坚持：“我绝不会出卖祖先的遗产，除非，你们在城里给我一块同样大小的地盘儿！”

　　征收员惊愕于安先生的狮子大开口，但他是个谈判方面的行家老手，接下去的日子里，他在一场场讨价还价的争斗中，连哄带吓，竟一点点说服了安先生。安先生决定拍板成交。

　　就在这时，一个诚实厚道的陌生人来到了安先生的府上，为安先生打起了抱不平：“您的心肠太好

了，确切说是太软弱可欺了！您得继续同他们对着干！当您感到挺不住的时候，也就是他们要泄气的时候，您应当同他们拼死争下去！"这位陌生人当即表示，自己愿意无偿帮助安先生继续抬高林地的价格。

在确定了陌生人不会收取任何报酬后，安先生就放心地把继续谈判的事拜托给了他。

陌生人使出了全身解数，到处打探征收员的弱点告诉安先生；又为安先生请来了能言善辩的律师；同时，还不知从哪里找来了一部稀奇古怪的文献集，上面明明白白地写着此片林地如何如何之重要。陌生人辛苦所做的这一切，真的没有向安先生收取分文。

土地征收员再一次陷入了完全被动的局面，当初那些被认为是荒谬的条件，现在看似都可以成交。安先生大喜过望，对陌生人说："火候到了，我看是时候了！"

"千万别，一时的妥协将会造成终生的遗憾！当然，土地是您的，如果您甘心卖得这样便宜，那就悉听尊便了。"

安先生被陌生人的话再次挑起了战斗的欲望，他决定咬咬牙，把争价儿的战斗继续下去！

果然，土地征收员先顶不住了，他对安先生说："我彻底认输了。对你，我已毫无办法。"

"那就按我出的价格付钱吧！"

"不，我们改变了计划，决定放弃这里的征地，绕弯儿翻山越岭。唉，这实在是没法子的事！”

安先生所做的金山梦，顿时化为乌有。他惊得瘫在原地，气得病了好一阵子，不禁怨恨起那个陌生人来，可是这人再也没有露面。

后来有一天，安先生进城，正巧撞上了那个陌生人。

“托您的‘福’，我可倒了大霉！您到底打的什么主意？现在总可以告诉我了吧！”

陌生人开口道：“实话对您说吧，我是国际汽油消费促进委员会的成员。您知道，道路越曲折，地形越复杂，才会用掉越多的汽油……这下，你明白我当时的用意了吧！”

合作需要技巧，也需要诚意，倘若狮子大开口般地一味漫天要价，谈判就失去了平等这根杠杆。一桩共赢的好事终将落空，双方费尽口舌却一无所得。

可贵的坚持

　　当加拿大外科医生班廷得知自己和多伦多大学生理学教授麦克劳德共同获得诺贝尔医学奖时，他没有欣喜若狂，反而大发雷霆，拒绝领奖。因为他认为，他的助手贝斯特在发现胰岛素的过程中发挥了重要作用，这个奖项缺少了贝斯特将是一个巨大的缺憾，是不公平的！

　　当班廷还只是一名外科医生时，他已经对糖尿病研究表现出了极大的热情。在那个时代，糖尿病被看成是一种可怕的不治之症。

　　对于班廷的研究，几乎没有人相信他能捣腾出什么结果，更没有人愿意和这个异想天开者合作。

班廷费了不少力气，最终说服了多伦多大学的教授麦克劳德帮助自己。

暑假期间，班廷被允许去麦克劳德的实验室工作，不但如此，麦克劳德还无偿提供了十条实验用狗，并为他找了一个名叫贝斯特的学生做助手。

上天十分眷顾班廷：麦克劳德的实验室设备先进齐全，助手贝斯特精于化学分析，两位年轻人的合作近乎完美，简直可以说是珠联璧合。

没多久，他们的实验就取得了重大的突破，先是发现了调节糖代谢的胰岛素。后来，又成功地从动物胰腺中提取了这种物质。但是，这种从动物身上提取出来的胰岛素能否用在人的身上呢？

班廷决定先在自己身上注射，但贝斯特认为应当由他来冒险。班廷当然不同意，两人争论不休，最后相约第二天再做决定。

当天晚上，两人不约而同地各自在自己身上偷偷注射了牛胰岛素，完成了人体实验。他们用自己的

身体证明，这种提取物应用
于人体是安全的。受试病人在接受了胰岛素
的注射后，症状立即得到了极大的缓解甚至渐渐消
失，这意味着可怕的糖尿病终于可以医治了！

后来，麦克劳德也丢下手中所有的工作，调动自
己的全部资源，和他们一起投入到胰岛素实验中，
解决了另一些更为复杂的问题。

1922年，班廷以自己和麦克劳德、贝斯特等人
的名义宣布他们发现了胰岛素。但是1923年的诺贝
尔医学奖获奖名单上只有班廷和麦克劳德两个人

的名字，贝斯特被遗漏了！

根据诺贝尔奖评奖委员会的规则，获奖名单一旦公布就不能更改。由于班廷的坚持，诺奖委员会派专人做他的思想工作，好不容易劝服他接受了奖金。拿到奖金后，班廷立即分了一半给贝斯特。

之后，班廷和麦克劳德又以一元钱的价格把胰岛素的专利交给了多伦多大学，给自己的功绩画上了一个完美的句号。

合作是一种互帮互助、取长补短，那不是简单的能量叠加，而是互相促进后的超能大爆发！对于这样一种有价值的合作模式，理应全力维护。平等的分配就是对合作伙伴的尊重，任何背叛和倾轧，其结果往往都是两败俱伤，得不偿失。

读了这些故事，我仿佛一夜长大，在成长中更好地体味这个世界的美好与爱……

我悟：

穷人的幸福

小城里住着一个鞋匠，家里一贫如洗，妻子、孩子和年迈的父母，一家老小全都靠他一个人修鞋养活。所以，鞋匠总是早出晚归，日夜操劳。尽管如此，他辛苦挣来的那些血汗钱，也仅仅够全家勉强糊口。

虽然日子过得紧巴巴的，但鞋匠一家总是欢声笑语不断。每天吃过晚饭，他们就会聚在一起聊天，讲着一天中各自见到的趣事，讲着讲着，大家就会乐得唱起歌来。

鞋匠有一个邻居，非常富有。但他每天都拿着账本算来算去，整日里就想着如何挣钱。富翁从来没有笑过，因为他永远觉得自己的钱不够多，因此每次听见隔壁鞋匠家快乐地唱歌时，他都会觉得非常烦躁。

"穷光蛋，一家子连饭都吃不饱的穷光蛋，竟然过得比我还开心，太可气了！"原来，富翁在嫉妒鞋匠一家比他快乐，"我要想个办法让他们安静下来，免得总是打扰我！"

一天晚上，鞋匠一家又和往常一样快乐地唱起了歌，富翁十分恼火，打算去打断他们。这时，他看到自己手边有大把的金币，突然想出了一个办法。

于是，富翁背了一袋子金币，来到鞋匠家门口，敲了敲门。

鞋匠打开门，富翁和气地对鞋匠说："亲爱的邻居，麻烦你替我在你家保管一百个金币。等到取钱的那一天，我会支付给你一个金币作为酬劳。到时候，你就可以用那个金币给年幼的孩子和年迈的父母买点肉吃啦。"

热心的鞋匠立刻答应了邻居的请求，他很感谢富翁对他的信任。他接过钱袋交给妻子，嘱咐她好好保管。

富翁的诡计得逞了，从这天起，鞋匠家里真的再也听不见欢快的歌声了！

原来，鞋匠一家每天做什么事都不放心，总是担心存放在他们家的金币被人偷走。每天晚饭后，他们就忙着盘点富翁交给他们的金币，而且要数上好几遍，唯恐出现差错，日后无法交代。

过了一段时间，鞋匠觉得这个钱袋越来越讨厌，它严重扰乱了他们家的正常生活，于是，他毅然背起钱袋来到富翁那儿，说："我把钱袋还给你，也请你把幸福还给我们吧！我们的生活虽然清苦，但心情舒畅，这比什么都强！"

钱袋没了，从此以后，鞋匠家又像以前一样，每晚都会响起快乐的歌声。

钱这东西，有时候是越多越烦恼，只有内心的平静安宁才是真正的幸福。所以不要抱怨，不要羡慕，紧紧抓住眼前的一切！快乐地过好每一天，才是人生最大的财富！

不讲话的推销

　　乔伊·吉拉德是世界上最有名的营销专家之一，他独创的"放长线钓大鱼"的促销方法，在商界广为传颂。吉拉德把所有自己认识的人都视为潜在客户，并在每个月的月初都为他们寄一封信函。

　　一月份的信函是一幅具有喜庆气氛的图案，同时配上"新年快乐"几个大字，而图案下面只有一个简单的署名："雪佛兰轿车，乔伊·吉拉德敬上。"此外再无多余的话。

　　二月份的信函上写着："请享受浪漫的情人节。"下面仍是吉拉德的签名。

　　三月份的信函写道："祝你圣巴特利库节快

乐!"圣巴特利库节虽然是爱尔兰人特有的节日,但这无关紧要,即便其他民族的人收到这样的庆贺信,内心依旧是喜悦的。

然后是四月、五月、六月……

不要小看这些薄薄的信函,它们以潜移默化的方式进入了人们的生活,以至于不少人一到月初就会问:"有新的信函吗?"

这样一来,乔伊·吉拉德的名字伴随着雪佛兰汽车这一品牌,以一种无比愉悦的方式悄悄地进入了许多家庭。等到某一天,他们打算买汽车的时候,往往第一个想到的就是雪佛兰汽车,以及该品牌的最佳销售乔伊·吉拉德。

乔伊·吉拉德自始至终没有说一句:"请你们买我的汽车吧!"但这种不谈推销的独特推销方式,反而给人们留下了最深刻、最美好的印象。

渔妇冉娜

一天夜里，渔妇冉娜坐在油灯前织补一张旧渔网。这是一间渔家小屋，虽然简陋，却暖和舒适。在挂着白色帐子的床上，五个孩子正安静地熟睡着。

屋外又黑又冷，冉娜的丈夫一早就驾着船出海打鱼去了。可老旧的木钟嘶哑地敲过了十点、十一点，他仍然没有回来。

听着风浪呼啸的声音，冉娜真心感到害怕，她站起来，往头上披了一条厚围巾，点上提灯就往外面走，可是，海面上漆黑一片，什么也看不见。

风掀起了冉娜的头巾，拍打着邻居小屋的木门，木屋发出嘎吱嘎吱的响声。冉娜过去敲门，想看看生病的女邻居。可她敲了很久，屋里都没有动静。

"寡妇的日子不容易啊！"冉娜站在门前想，"虽然孩子不算多，可是什么事都只有她一个人操心，何况又病着！"

冉娜再一次敲门，还是没人回答。"别是出了什么事吧？"冉娜着急地推开了房门。破屋子又潮又冷，她把灯举起来，看到女

邻居静静地、一动不动地仰面躺在床上——她死了,僵硬的手像是要够什么东西似的从稻草铺上垂了下来。

就在离母亲不远处的摇篮里,躺着两个鬈头发、胖脸蛋的孩子,他们蜷曲着身子,两个小脑袋紧紧靠在一起,睡得又甜又香。显然,母亲在临死前,还不忘用旧头巾裹住孩子们的脚,又把自己的衣服给他们盖上。

冉娜心头一热,抱起摇篮,用头巾把摇篮仔细地系好,带回了家。她的心跳得很厉害,她自己也不知道为什么要这样做,但是她知道,她不可能不这样做。

回到家,她把熟睡的孩子放在床上,同自己的孩子睡在一起,又急忙把帐子撂下来。她内心很忐忑,脸一阵红一阵白,好像做了什么亏心事似的。

"丈夫会说什么呢?"她独自默默地想,"我们家已经有五个孩子了,再多两个孩子可怎么办哪?

就算两口子拼命干活，也仅能糊口而已。丈夫一定会揍我一顿的，唉，如果那样也是自己活该，自作自受！"

冉娜胡思乱想着，又开始担心外面的暴风雨："丈夫现在在哪儿呢？保佑他吧，上帝啊，发发慈悲吧！"她一边说一边在胸前画着十字。

这时房门突然吱嘎一声，一股清新的海风冲进屋里。"冉娜，我回来了！"一个身材高大、面孔黝黑的

渔夫走进了屋子，身后拖着一张湿漉漉的渔网。

"啊，亲爱的，你终于回来了！"冉娜说了一句话后就停住了，不敢抬头看丈夫。

"瞧这一晚上风吹的，真可怕！"

"是呀，天气真坏！鱼打得怎样？"

"糟透了，简直糟透了！什么也没打着，还把网给撕破了。不过，能活着回来就该谢天谢地了！"渔夫把网拖进屋子，然后坐在炉子旁。

"风那么大，简直吓人，我真担心你呀！"

"是啊，"丈夫低声说，"天气坏得要命，可有什么办法呢！"

夫妇俩都不作声了。

"你知道吗？"冉娜脸色发白，"西蒙死了。"

"是吗？"

"不知道是什么时候死的，可能昨天就死了。唉，真不敢想象，她一定放心不下孩子，不知心里多难受啊！两个孩子，都还是小不点儿，一个还不会说话，一个刚会爬……"

冉娜再也说不下去，声音哽咽了起来。渔夫皱起了眉头，神情变得认真而忧虑。

"嗯，的确是个问题！"渔夫说着搔了搔后脑勺，"你看怎么办呢？我看还是抱过来吧，要不然孩子醒来看到死去的母亲会是什么感受？对，就这样，快点去抱过来！"

可是，冉娜一动也不动。

"你怎么，不愿意吗？你怎么啦，冉娜？"

冉娜什么也没说，掀开了帐子。

尽管冉娜家中已经极度贫困，可对于两个孤儿，她没有见死不救，也没有撒手不管。而冉娜的丈夫也是一个善良的人，和妻子心有灵犀，做出了相同的决定。让我们向这对可爱的夫妻致敬吧！

蒲公英

在山脚下，生长着一簇簇挺拔、高大的向日葵。太阳每天都从东边向西边走，这些金黄色的"脑袋"便跟着太阳自东向西地转动。

向日葵们忠实地追随着太阳的光芒，茁壮地成长着。只有一棵不久前刚出生的又瘦又小的小向日葵例外，因为它总是想着一个问题：为什么大家都得做同样的事呢？

小向日葵从来不跟着太阳转，它只按自己喜欢的方式生活着。

向日葵妈妈对此忧心忡忡："为什么你不愿意和兄弟们一起玩耍，不愿意随着太阳转呢？这可是我们向日葵生来的使命呀！"

"一定要跟着太阳转吗？"小向日葵不解地问。

"向日葵自古以来都是这样的，你这个小矮子！"兄弟们纷纷嘲笑它的异想天开。

小向日葵心中明白，兄弟们是对的。"我是有点儿不对劲！"它踮起脚，希望能够赶上兄弟们，但无论它怎么踮脚，还是一点儿也不长个。

虽然妈妈告诉它只要围着太阳转就能长得和兄弟们一样高，但它还是没有跟着太阳转。

其他向日葵对它也越来越不满了，谁见过这么矮小的向日葵啊！

小家伙沮丧极了，可又有什么办法呢？好像是它自己不愿长高似的！然而它知道，自己的确很奇怪——向日葵不跟着太阳转，难道还有比这更离奇、更糟糕的事吗？

小向日葵决心去找解决问题的方法，它向青草讨教，青草摇摇头说不知道；它又问小溪该怎么办，可是小溪忙着奔向大海，没工夫搭理它……最后，小向日葵决定去问风，究竟该怎么办。

"您无处不去，肯定知道我怎样才能长大。"小家伙轻声说。

风却笑了起来，说："你已经长大了，孩子。瞧，哪棵蒲公英的个子都没有你高呢！"

"什么？蒲公英？我的天哪，这真是太不可思议了！"向日葵妈妈惊呼起来。

"什么？蒲公英？这真是太不可思议了！"向日

葵兄弟们也惊呼起来。

突然间，大家都明白了：这个小家伙为什么那么矮小，为什么不随着太阳转动。但是，向日葵地里怎么会长出蒲公英呢？这真是个难解之谜，所有向日葵都用奇怪的眼神打量着蒲公英。

在这偌大的向日葵地里当一棵孤独的蒲公英……小家伙越想越伤心。

夜幕降临，向日葵们都进入了梦乡，小蒲公英却望着天空发呆。忽然，一阵风吹来，小蒲公英听见身体发出的信号：离别的时刻来临了。

小蒲公英用银白色的小脑袋亲了亲向日葵妈妈的脸，然后轻轻地、像长了翅膀一样飞向高高的天空。

每个人都有不同的人生轨迹，就像故事中的蒲公英一样。不要因为别人的排斥和嘲笑就改变自己的想法，我们总要长大成熟并飞往属于自己的世界。只要当初你没有盲从，就可以找到一个真正的自我。

雪鸟之歌

在下了一整夜的雪之后，大地完全被雪覆盖了。一对姐妹花坐在温暖的家里，在窗边开心地玩耍。这时，一只雪鸟在窗外的一棵树上，欢乐地唱着歌——啾、啾、啾。

听见鸟儿的歌唱，妹妹艾菲丽高兴地叫起来："姐姐，快看，看窗外，那儿有一只漂亮的小鸟在唱歌！"

可是，姐姐玛妮莎却有些伤感地说道："如果我是一只光着脚的雪鸟，肯定不会待在大雪中，它太可怜了。哦，它肯定很冷！"

玛妮莎是个好心的女孩，她拿了一些早餐剩下的面包，将它掰碎了放在窗台上。

"哦，让妈妈给它做一双袜子和一双鞋吧，如果需要的话，还可以给做它一条漂亮的裙子和一顶帽子。我希望它会进到房间里，暖和暖和冻僵的身体。"艾菲丽觉得自己想出了一个好办法。

雪鸟从树上飞下来，吃了一些撒在窗台上的碎面包屑，它听到了姐妹俩讲的每一句话。它想着：穿上那件衣服我会变成什么样子呢？也许再也飞不起来了吧？随后又发出了"啾、啾、啾"的声响。

"我很感谢你们的好意，"雪鸟对着窗那边看着自己的姐妹俩说道，"我没必要穿衣服，我宁可让双腿更自由一些，也不愿意一瘸一拐地走着唱——啾、啾、啾。"

雪鸟属于大自然，不管寒冷还是酷暑，只有在自然的怀抱里，它才能不受拘束地自由飞翔。

不过是再试一次

有个年轻人去一家知名的大公司应聘，但该公司并没有刊登过招聘广告。见人力主管一副疑惑不解的样子，年轻人用不太娴熟的英语解释说："您好，抱歉，我只是碰巧路过这里，便贸然进来试试，看看能不能找到一份心仪的工作。"

主管从来没有碰到过这样的情况，于是破例让这位年轻人面试一个和他专业对口的工作。

可面试的结果出人意料，年轻人并没有想象中的优秀，反而表现得极其糟糕。而年轻人对此给出的解释是，事先没有做好准备。

主管以为年轻人不过是给自己找个台阶下罢

了，就随口应道："等你准备好了可以再来试一试。"

年轻人离开后，主管便把这件事情抛在了脑后。但令他意想不到的是，一个星期以后，这名年轻人竟然真的再一次走进了这家公司。

虽然这次他依然没有成功，但比起前一次，他的表现要好得多。而人力主管给他的回答仍然同上次一样："等你准备好了再来吧。"

就这样，这个年轻人锲而不舍地先后五次踏进这家公司，最终被公司录用，成为公司的重点培养对象。

也许，我们眼前的风景总是山重水复，但不见柳暗花明；也许，我们前行的步履总是沉重蹒跚；也许，我们需要在黑暗中摸索许久，才能见到光明……那么，我们为什么不可以勇敢而坚定地对自己说一声"再试一次"呢！

把"名声"送给别人

卡内基是美国的钢铁大王,他小的时候家境贫寒,家里甚至没有钱供养他读书,卡内基只能辍学在家。

有一次,卡内基得到了一只母兔,很快,母兔生下一窝小兔。

看着这些毛茸茸的小家伙,卡内基喜欢极了,但是心里又很着急:因为家里根本没有多余的钱来买青菜萝卜喂养这窝小兔子。

这时,邻居家的小妹妹来了,她看到小兔子喜欢得不得了,恨不得立马抢一只回家。

卡内基看到眼前的这一幕,顿时有了主意,他

立马请左邻右舍都来参观这些可爱的兔宝宝，小伙伴们可喜欢这些小兔子了。

看着他们兴奋的神情，卡内基说："谁愿意喂养其中一只兔宝宝，这只兔宝宝就可以用他的名字来命名！"小伙伴们齐声欢呼，一下子就把小兔子认领完了。

童年的这个经历给卡内基带来了重要的启示：人们珍惜爱护自己的名字，如果可以把"名声"送给别人，那自己将会从中获得巨大的实际利益。与此同时，他工作非常努力，从小职员做起，最后成为了一家钢铁公司的老板。

有一次，卡内基和铁路公司老板布尔门为竞标太平洋铁路公司的卧车合约，展开了激烈的竞争。最后几乎到了无利可图、两败俱伤的境地，但两人还赌着一口气，谁也不肯退让一步。

突然，卡内基想起了儿时让邻居小伙伴们认养兔宝宝并且命名的事，他瞬间豁然开朗，拍了拍脑袋，自嘲地说道："我怎么早没想到呢！"

于是，卡内基约布尔门在一家酒店门口碰面。见布尔门怒目而视的样子，卡内基微笑着伸出手，说："我们两家如此竞争，真是两败俱伤，不划算啊！我考虑了一下，我们与其竞争，还不如合作！"

布尔门看到卡内基的态度，气消了一半，听他说到了合作，好奇地问："怎么合作呢？"

卡内基微笑着说："我想我们可以合开一家公司。"

布尔门沉默片刻，又问："合开的新公司叫什么名字？"

卡内基脱口而出："当然叫'布尔门卧车公司'啦！"

布尔门简直不敢相信自己的耳朵，卡内基则微笑着再次向布尔门确认了一遍。于是，两人冰释前嫌，强强联手，不但做成了生意，大赚了一笔，还成了生意场上的合作伙伴。

合作的力量远远大于的单打独斗，因此，有时候稍稍做出退让，反而能促成获得更大利益的合作，这样才是聪明人的选择。

树林的启示

　　一天，有一对兄妹像往常一样，手拉手一起去上学。他们从一片青翠的树林旁走过，路上尘土飞扬，闷热难忍，可树林里却是又凉爽又好玩。

　　哥哥扯扯妹妹的手说："上学时间还早呢，这会儿学校里肯定又闷热，又没趣儿，可树林里就不一样了，里面肯定有许多好玩的。你听，鸟儿唱的歌多好听呀！还有松鼠，它们在树枝上跳来跳去，真是淘气极了！不如我们一起去树林里玩一会儿吧。"

　　妹妹也正有此意，于是他俩把书包往草地上一扔，便迫不及待地钻进绿茵茵的灌木林里去了。

　　树林里真的热闹极了。小鸟拍着翅膀一边不停

地飞着,一边叽

叽喳喳唱个没

完;松鼠在树枝上来

回地跳着,蓬松的大

尾巴好像一个小降落伞;

甲虫在草丛中飞来飞去,一刻也

不停歇……

　　兄妹俩停下脚步,对一只金黄色的甲虫说:"跟我们玩一会儿吧!"

　　小甲虫拍着翅膀回答:"我倒是愿意跟你们玩,可我没有工夫呀,我得给自己准备午饭,不然就得饿肚子。"

　　他们朝前走了几步,发现一只蜜蜂,说:"跟我们玩一会儿吧。"

　　小蜜蜂摇摇头,说:"我哪有工夫跟你们玩呀,我还得采蜜呢!"

　　他们见到了一只蚂蚁:"你能跟我们玩一会儿

吗？"

　　蚂蚁呢，连听他们说话的工夫都没有，它正拖着比自己身体长两倍的麦秸，忙忙碌碌地修建舒适的房子呢！

　　他们又邀请松鼠一块儿玩。松鼠摇着扫帚似的尾巴，说："不行，我正忙着储备过冬的粮食，要是错过了这样的好时光，到冬天我就要饥寒交迫了。"

　　这时，一只鸽子飞过，兄妹俩又邀请它一起玩，可是鸽子也拒绝了他们："我正忙着垒窝呢，不然我的宝宝们就没地方住了。"

　　小灰兔忙着跑去河边洗脸，啄木鸟忙着给大树治病。就连草莓花也没工夫搭理他们，它正趁着阳光灿烂的日子，赶紧准备香甜可口的果子呢！

　　大家都忙着干自己的活，谁也不愿意跟他们玩。兄妹俩扫兴地来到一条小河边，只见河水冲击着河底的卵石，发出悦耳的声音。

　　他们对小河说："你大概没什么事可干吧，不如跟我们玩一会儿,好吗?"

小河生气地说:"什么?我没事干?我可是没日没夜地努力工作,连一分钟也没闲着。我给人类和动物提供饮用水,为人们推水磨、载船舶、灭火灾……我干的活太多啦,累得我头都发晕了。"小河说完,又冲击着河底的卵石,哗哗地向前流。

兄妹俩觉得越来越无聊,心想还不如先去上学,等放学后再来树林里玩。

这时,哥哥看见一只美丽的小鸲鹆,正哼着轻

松愉快的小曲儿。

哥哥赶紧朝它喊道:"这位歌手,看你唱得这么开心,一定没什么事可干,不如陪我们玩一会儿吧。"

小鹧鸪委屈地说:"我怎么会没事可干?我一天到晚逮蚊子喂养我的孩子,累得连翅膀都抬不起来了。倒是你们,一对小懒虫,不去上学,还跑到树林里妨碍别人干活。记住:只有努力勤奋的人,才可以愉快地休息和玩耍。"

兄妹俩听了觉得羞愧难当,赶紧跑去上学了。

爱玩是孩子的天性,美妙神奇的大自然,鸟语花香的仙境,无不吸引着孩子们前去探索。但玩耍的前提是做好自己的本职工作。如果一心只知道玩耍,最后就会一事无成。正如小鹧鸪所说:"只有努力勤奋的人,才可以愉快地休息和玩耍。"

寡妇与商人

　　一位寡妇带着她年幼的女儿过着拮据的生活。迫于无奈，她向一位很喜爱音乐的商人求助。寡妇告诉商人自己已经去世的丈夫曾是个音乐家，没有了丈夫，她和女儿现在连面包都买不起了。

　　商人看了看这个面容憔悴的寡妇，又看了看她那眼神中充满忧伤的女儿，从她们的言行举止中，他相信她讲的事是真的。

　　"你想要多少钱呢，尊敬的女士？"商人问寡妇。

　　"尊敬的先生，十美元就足以拯救我们了。"寡妇想了想说。

　　于是，商人坐在凳子上，取出一张纸，在上面写下了几行字，然后交给了寡妇，并告诉她："拿着它去对面的银行吧！"

寡妇带着女儿高兴得都没顾得上看字条上写的是什么，就匆匆忙忙地去了银行。银行职员将一百美元而不是十美元交给了寡妇。看到这么多钱时，寡妇惊呆了。"先生，你是不是弄错了？"她把钱退给银行职员，"你给了我一百美元，但我只要了十美元啊！"

银行职员看了看支票，说："这位女士，可是支票上写的就是一百美元。"

"这的确是搞错了。"寡妇依然坚持道。银行职员请寡妇再等几分钟，然后去见了给她支票的商人。

"是的。"商人听了银行职员的话后说，"我的确是犯了一个错误，把十美元错写成了一百美元，但现在，请你替我支付给那位令人尊敬的女士五百美元吧。诚实的人得到这些钱一点也不算多。"

诚信是人最美丽的外衣，是心灵最圣洁的鲜花；诚信是一股清泉，让世界的每一个角落都流淌着洁净。只有当你以诚待人时，别人也才会以诚相报。

读了这些故事，我深深地为人性之美而震撼，我要将这种美永留心间……

我悦：

图书在版编目（CIP）数据

永远盖着布的鸟笼/米家文化编绘. —杭州：浙江少年
儿童出版社，2016.3
（相逢爱的光亮：小学生生命教育读本）
ISBN 978-7-5342-9125-8

Ⅰ.①永… Ⅱ.①米… Ⅲ.①生命哲学-小学-课外读
物 Ⅳ.①G624.103

中国版本图书馆 CIP 数据核字(2016)第 013523 号

相逢爱的光亮：小学生生命教育读本

永远盖着布的鸟笼

米家文化/编绘

责任编辑　王漪　王苗
装帧设计　大米原创·工作空间
责任校对　石晓音
责任印制　姬江松

浙江少年儿童出版社出版发行
地址：杭州市天目山路 40 号
杭州富春印务有限公司印刷
全国各地新华书店经销
开本 710×980　1/16
印张 12　字数 71000
印数 1—12000
2016 年 3 月第 1 版
2016 年 3 月第 1 次印刷
ISBN 978-7-5342-9125-8
定价：20.00 元
（如有印装质量问题，影响阅读，请与承印厂联系调换）